地域教育経営論

■学び続けられる地域社会のデザイン■

荻野亮吾／丹間康仁【編著】

大学教育出版

まえがき

　少子高齢型の人口減少社会を迎え、国と地方自治体にとって持続可能な教育システムの構築は喫緊の課題となっている。学校教育では、学習指導要領の改訂に伴い、地域と学校の連携・協働に基づく「社会に開かれた教育課程」の実現が求められるなど、学習指導や学校運営のあり方に少なからぬ変化が生じている。地域社会に目を向けると、人口構造・社会構造の変化を背景に教育環境が激変し、地域の諸課題に住民と行政がこれまでの組織形態で対処していくことが難しくなっている。これらの課題解決に向け、ここ 20 年ほどの間、教育行政の枠にとどまらない多様な組織・機関との連携や住民主体の取り組みに期待が高まり、さまざまな「教育改革」が進められてきた。例えば、学校運営協議会の設置や地域学校協働活動の組織化、「チームとしての学校」やカリキュラム・マネジメントの概念の広まり、学校内外での教育機会の確保などの動きがみられる。

　しかし、学校教育と地域社会の状況を総合的に見渡したうえで、課題解決に向けた組織や仕組みのあり方を構想する議論が尽くされてきたとはいえない。そこで本書では、教育をめぐる近年の大きな変化に向き合い、地域社会を今一度、教育の基盤として位置づけることを試みた。そのために、人間が学び続けることのできる地域社会を総合的にデザインし、その運営について考える「地域教育経営」という枠組みが重要と考えるに至った。そこで、学校教育と社会教育の双方の視点に立ち、学齢期に閉じない生涯学習の概念から「地域教育経営」の考え方を位置づけたうえで、地域社会を基盤とした子どもや大人の学び合いを生み出していくための仕組みづくりや実践的方法論を含んだ書籍を刊行することに挑戦した。

　おりしも現在の大学では、教職課程改革や教職大学院の整備を背景に、地域と学校の連携・協働を視野に入れ、「地域教育」をテーマとした新規授業の開設や研究領域の開拓が進んでいる。また社会教育主事課程改革により、必修科目「社会教育経営論」が新設された。学校教育と地域社会との接続が強く意識

されるなかで刊行される本書は、教員および社会教育主事の両養成課程、さらには教育委員会や学校・地域における学びの場で活用できる入門・基礎レベルのテキストとなっている。

　本書の編集にあたって、社会教育学の研究者を中心としながらも、教育経営学、ユースワーク、都市工学、ジェロントロジー（老年学）、社会心理学といった関連領域の研究者・実践家にも声をかけて執筆陣を構成した。「地域教育経営」というテーマに取り組むためには、地域社会が直面する課題を複層的に理解し、領域横断的に課題解決の方策を示す必要があると考えたためである。ただし基本的な問題意識は共有しており、各章の執筆者は、政策動向や社会状況に関する基本的な事項をおさえたうえで、各地域の課題解決に向けた先進事例を紹介し、学校内外の連携や協働を含んで地域社会の多様な関係をマネジメントするという観点から議論を展開している。

　本書の鍵概念である「地域教育経営」や、各章の内容紹介は第1章に譲り、ここでは各部のねらいを簡単に示す。第Ⅰ部（第1〜3章）では、教育システムの再編の状況や学校教育・社会教育の制度改革の状況を把握する。第1章では地域教育経営という考え方が必要とされる背景を論じる。第2章では生涯学習政策の流れから、第3章では教育経営学の観点から、コミュニティ・スクールや地域学校協働活動といった近年の政策の特徴と課題を明らかにする。

　第Ⅱ部（第4〜7章）では、地域教育経営の課題について、人口構造の変化に伴う問題と、社会構造の変化に伴う「新しい社会的リスク」への対応とに整理し、学校統廃合への対応、地域文化の創造と継承、教育と福祉の接合、子どもの貧困問題への対処というテーマを扱う。第Ⅲ部（第8〜11章）では、地域課題の解決に向けたパートナーシップ（連携・協働）の構築という点から、社会教育施設、地域の自治組織、高等教育機関、非営利組織という四つの機関・組織の役割を取り上げる。

　最後の第Ⅳ部（第12〜15章）では、「地域教育経営」を実現するために、「つながり」と「熟議」という二つの要素に焦点化した議論を展開する。この部では、私たちの身近な地域社会で、対話や熟議の場をどのように組織化していく

かという実践的方法論と、地域でエンパワメントを実現するための具体的な道
筋を示す。

　「地域教育経営」の概念については、今後より一層の精査が必要である。その基盤を本書が築き、学校や地域社会のさまざまな場で、教育の持続可能性をめぐって活発な論議が生まれることを、執筆者一同願ってやまない。

　2022 年 7 月

荻野 亮吾・丹間 康仁

＊注記

　本文中で参照している URL の最終閲覧日は 2022 年 7 月 15 日である。

本書で取り上げる事例一覧

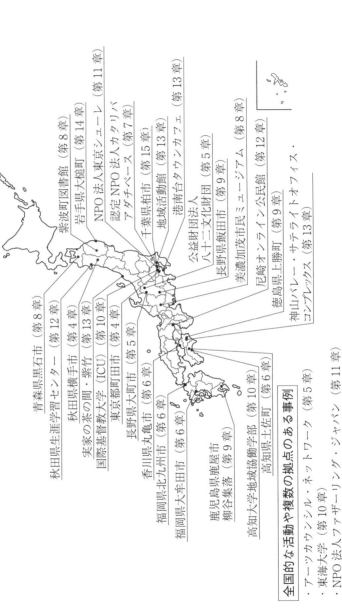

青森県黒石市（第8章）
秋田県生涯学習センター（第12章）
秋田県横手市（第4章）
実家の茶の間・紫竹（第13章）
国際基督教大学（ICU）（第10章）
東京都町田市（第4章）
長野県大町市（第5章）

紫波町図書館（第8章）
岩手県大槌町（第14章）
NPO法人東京シューレ（第11章）
認定NPO法人カタリバ（第7章）
アダチベース
千葉県柏市（第15章）
地域活動館（第13章）
港南台タウンカフェ（第13章）

香川県丸亀市（第6章）
福岡県北九州市（第6章）
福岡県大牟田市（第6章）
鹿児島県鹿屋市（第9章）
柳谷集落
高知大学地域協働学部（第10章）
高知県土佐町（第6章）

公益財団法人（第5章）
八十二文化財団
長野県飯田市（第9章）
美濃加茂市民ミュージアム（第8章）
尼崎オンライン公民館（第12章）
徳島県上勝町（第9章）
神山バレー・サテライトオフィス・（第13章）
コンプレックス

全国的な活動や複数の拠点のある事例

・アーツカウンシル・ネットワーク（第5章）
・東海大学（第10章）
・NPO法人ファザーリング・ジャパン（第11章）
・オンライン公民館（第12章）

地域教育経営論
—— 学び続けられる地域社会のデザイン ——

目 次

第Ⅰ部　地域教育経営の見取り図

第1章

「地域教育経営」論の現代的可能性
― 地域社会における「つながり」と「熟議」のデザイン ―

本章のポイント

　本章では、「地域教育経営」をテーマにした本書のねらいと、各部・各章の概要を示す。まず、第二次世界大戦後の学校と地域の関係を四つの時期に区切り、「地域教育経営」というテーマがいつからどのように論じられたかを示す。次に、人口構造と社会構造の変化という点から、地域教育経営が直面する課題を説明する。

　さらに、地域教育経営を構成する主体について、行政・企業・地域社会の組織・大学・市民活動団体の役割と、各組織のパートナーシップ（連携・協働）について論じる。最後に、「地域教育経営のデザインと評価」と題して、地域のつながりを育み、熟議の場を形づくり、住民のエンパワーを進める方法を示す。

キーワード

地域教育経営　人口減少社会　新しい社会的リスク　パートナーシップ

つながり　コミュニティデザイン　熟議　エンパワメント

1. 学校と地域社会の関係にみる「地域教育経営」論の意義

(1)「地域教育経営」論の登場

　本書では、「地域教育経営」を軸に、学校教育と社会教育の新たな関係性を示す。本章では、「地域教育経営」の見取り図と、各部・各章の概要を述べる。

　「地域教育経営」は、学校と地域社会の関係を問うなかで生まれた概念である。第二次世界大戦後（以下では、戦後）の学校と地域社会の関係を、四つの時期に分け、その変遷を追うなかで、「地域教育経営」を問う意味を考える。

　戦後、学校と地域社会の関係に焦点が当てられた第一の時期は、1940年代後半であった。1947（昭和22）年に制定された初期の学習指導要領は現在と異なり、「試案」という扱いで法的拘束力はなく、各地域社会の特性や学校の状況、児童の特性に応じて教育の内容や方法を工夫すべきとされた。また、戦後の日本の教育改革に影響を与えた第一次アメリカ教育使節団報告書でも、地域社会の実態に即したカリキュラム編成の意義が強調された。

　この時期には、1930年代のアメリカでE.G.オルセンによって示された「コミュニティ・スクール（地域社会学校）」[1] の議論の影響もあり、「地域教育計画」や「コア・カリキュラム」策定の動きが活発になった。このうち「地域教育計画」の代表例である「川口プラン」（埼玉県川口市）や「本郷プラン」（広島県本郷町）は、教育学者の関わりのもと、地域社会の大規模な実態調査を行い、その結果をもとに「学習課題表」というカリキュラムを作成するものだった。地域住民が関わる形で、地域社会の実態や課題に基づいて学校の教育課程編成を行い、学校教育を通じて地域の課題解決を図る動きは、21世紀に掲げられた「社会に開かれた教育課程」（後述）に通じるものである。しかし、地域社会の課題が複雑化するなかで、学校教育にその解決を託す試みには限界があった。その後の教育課程は、地域住民が関わり地域社会の実態に基づいた教育課程編成を行う流れから、国の定めた学習指導要領に基づき、系統学習を重視する方向に向かった[2]。

　第二の時期である1970年代から1980年代には、地域社会から乖離した学

校教育の「閉鎖性」が子どもたちの問題行動を生み出すとされた一方で、都市
化の進む各地域の「教育力」の衰退への対処という課題も生じ、あらためて学
校と地域社会の関係に焦点が当てられた。この時期には学社連携論（第 2 章参
照）や、地域の教育システムの再編論、地域教育経営論など、学校教育と地域
社会の教育を包含する教育システムのあり方が議論された。それぞれの議論で
強調点に差異はあったが、学校と地域社会の連携を推進する組織体制や、住民
の教育要求の組織化の方法、学校・家庭・地域の役割分担などの点を中心に議
論が交わされた[3]。

　これらの議論のうち、本書では、教育経営学のなかで展開された「地域教育
経営」論に焦点を当てる。地域教育経営論は、1980 年代に教育行政の地方分
権化の動きが徐々に進み、教育の「地方自治」が重視されるなかで、「経営主
体」としての地域社会の存在に注目したものである[4]。例えば、教育経営学者
の河野重男は、「地域社会を基盤とする教育経営」論として、教育委員会を地
域教育経営の主たる経営主体としてとらえ、教育課程編成における学校の創意
工夫や、教師集団の主体的・積極的な教育実践への期待を示し、学校を含めた
多様な教育主体による経営を掲げた[5]。また、同じく教育経営学者の吉本二郎
は、「地域社会を経営主体とする教育経営」論として、教育経営を「各地域社
会が意識的・意図的に、教育事象の効果的推進を目指して行う営為である」と
定義し、「地域社会は学校を営む教育意思と教育手段を有すること」で「共同
化された教育課題を果たそうとする」限り、「地域社会は教育経営の主体とな
りうる」と述べた[6]。

　2000 年代に入り、教育経営学者の岡東壽隆が、地域教育経営を「一定地域
のなかで人々の教育・学習に関係する者が、教育の実態を直視し、教育観や理
念の共通理解を深めながら、地域の教育目標や課題を設定し、その達成に向
かって教育領域や機能の分担を図り、教育資源を最大限に活用し、相互に連携
することによって、総体として人々の教育・学習を促進する営みである」と定
義した[7]。この定義には、地域教育経営に関わる三つの重要なポイントが示さ
れている。第一に、地域教育経営の経営主体に関し、学校の教職員や社会教育
施設職員にとどまらず、一定の地域のなかで教育・学習に関係する人々という

広い定義がなされていることである。第二に、教育・学習活動の実態分析や、共通理念や教育目標の設定、教育機能の分担や教育資源の活用、教育組織の相互連携など、地域教育経営の具体的な活動が示されていることである。第三に地域教育経営の目標として、子どもだけでなく成人も含む人々の教育・学習の促進があげられていることである。つまり、地域教育経営の目標として、子どもの教育の充実だけでなく、それに関わる保護者や地域住民の教育・学習への広がりも想定されている。岡東の地域教育経営の考え方は、学校と地域社会を含む新たな教育組織の立ち上げや、その運営方法を示そうとするものだった。

　以上の河野や岡東の議論も参照したうえで、教育経営学者の浜田博文は、「地域の子どもたちの生活と育ち」という次元で「公共性の空間」を創出する「地域教育経営論」の具体的展開を課題として示している[8]。そこで次に、「開かれた学校」という形での具体的な制度設計を取り上げることにしたい。

(2)「地域教育経営」を考える意義

　学校と地域社会の関係をめぐる第三の時期は、1980年代の臨時教育審議会の答申を受けて、「開かれた学校」をめざす制度設計が進められた1990年代中頃から2000年代にかけての時期である。この時期には、学校と地域社会の関係性を再考する議論がなされた。例えば、教育社会学者の苅谷剛彦は、「地域と教育」の問題が、2000年代前後から「参加（参画）」や「共同（協同）」という文脈で語られ、参加する主体をどのように形づくるかという主体形成に関する論理が後退したことを指摘する。そして、「地域と教育」の問題は、個人化した社会のなかで、各地域社会の状況に応じ「共同責任の基盤」をいかに創出するかという課題になったと述べる[9]。この地域住民の「参加」をめぐる状況の変化は、第Ⅰ部「地域教育経営の見取り図」の第2章「日本における生涯学習政策の動向と課題」（荻野亮吾）で示すように、「生涯学習」という概念が、個々人の自己実現を重視するものから、学習の成果活用を中心にするように移り変わったことからも説明できる。

　具体的な制度として、2000年代に保護者や地域住民に学校運営への関わりを求める学校評議員や学校運営協議会の法制化がなされた。続いて2000年代

後半には、学校支援地域本部事業や放課後子どもプランなど、保護者や地域住民に学校の教育活動や環境整備、放課後の活動にボランティアとして関わることを求める事業が実施された。第二期の教育システム再編という大局的な議論に比べると、第三期には、学校・保護者・地域住民の間に「共同責任の基盤」を築くために、学校の運営や教育活動に保護者や地域住民が関わることを促す「参加」と「協働」に関わる制度・事業が実施されるようになったといえる。

　学校と地域社会の関係をめぐる第四の時期は、2010年代以降である。この時期には、学校運営協議会などの制度・事業が徐々に普及・定着し、学校と地域社会の関係が本当に望ましい方向に向かっているかを検証する研究がなされた。例えば、保護者や地域住民の参加を広く求める制度が、その趣旨に反して一部の層の参加者しか受け入れないよう機能したり、特定の層の人々を意思決定や教育活動から排除したりする負の機制を内包することが明らかにされた[10]。これらの研究は、学校運営協議会などの制度や、学校支援地域本部事業を契機に生じる葛藤や対立（ポリティクス）に注目したものである。これらの「参加」と「協働」をめぐる制度の詳しい内容とその問題点については、**第3章「コミュニティ・スクールと地域学校協働活動の制度と実際」**（仲田康一）で説明する。

　この流れのもと、2016（平成28）年に、文部科学省は「『次世代の学校・地域』創生プラン」を示し、「次世代の学校創生」と「次世代の地域創生」という二つの柱を掲げた。「次世代の学校創生」として「地域と学校の連携・協働の推進に向けた改革」（コミュニティ・スクールの設置促進）、「学校の組織運営改革」（教職員の指導体制の充実・多様な専門家によるチーム体制の構築など）、「教員制度の養成・採用・研修の一体改革」が、「次世代の地域創生」として「地域と学校の連携・協働の推進に向けた改革」（地域学校協働活動の推進）、「地域が学校のパートナーとなるための改革」（地域コーディネーターの配置促進・学校開放の促進）、「地域と連携・協働する教員の養成・研修等」があげられた。

　続いて、2017（平成29）年には、学習指導要領の全面改訂に伴い、「社会に開かれた教育課程」の実現が掲げられ、身近な地域の課題から国際的な世界の

動きを見据えながら子どもたちに必要な資質・能力を社会と共有し、それらを育成するための教育課程を実現する際にも社会と連携していくというビジョンが示された。つまり、「開かれた学校」の段階を経て、「地域とともにある学校」をめざしながら、学校運営のみならず、教育課程をも学校の外側に開き、学校教育の方法と内容を社会に開いていこうとしているのが現在の段階である。

　この「社会に開かれた教育課程」を実現するうえでは、社会教育と学校教育の双方の視点をもつことが重要である。前節で取り上げた戦後の「地域教育計画」に限らず、「社会に開かれた教育課程」につながる考え方は一世紀以上前から存在した。例えば、社会教育学研究者の松田武雄は「社会に開かれた教育課程」の源流を20世紀初頭まで遡り、大正期の社会教育行政の成り立ちにおいて、1919（大正8）年に文部省普通学務局に設置された第四課が「学校の社会化と社会の学校化」や「教育の社会化と社会の教育化」という政策理念をもっていたことにふれている[11]。それから一世紀以上を経て、「社会に開かれた教育課程」の考え方はなお、学校と社会の関係を考える際の普遍的テーマであり続けているといえる。

　今日「社会に開かれた教育課程」の実現に向けては、学校運営協議会と地域学校協働本部を車の両輪とする形で、学校と地域社会の接続がめざされている。ただし2010年代以降、人口構造や社会構造の大きな変化と学区や地域社会の組織の再編が進み、学校教育・社会教育のそれぞれの役割を見直し、相互の連携のあり方をあらためて考える必要が生じている。学校と地域社会の関係を問う「地域教育経営」の考え方は、この時期だからこそ一層大きな意味をもつ。

2.　人口構造・社会構造の変化に伴う「地域教育経営」の課題

　第Ⅱ部「地域教育経営の課題と展開」では、地域教育経営が営まれる場である地域社会で生じる教育課題を取り上げる。2000年代以降、「コミュニティ・ソリューション」や「コミュニティデザイン」といった言葉に代表されるように、各地域社会で住民主体のまちづくりが進められている。この背景には、人

口減少や少子高齢化という人口構造の変化や、社会構造の変化に基づく生活上のリスクの顕在化の問題がある。第Ⅱ部では、人口構造・社会構造の変化を背景に生じた地域社会の教育課題に関し、どのような体制で課題解決が可能かを考える。

(1) 人口減少や少子高齢化のもたらす影響

　人口減少社会と称されるように、日本の総人口は2000年代後半より減少の局面に転じ、出生率の低下などによる少子化と平均寿命の延伸による高齢化も顕著となった。この人口構造の変化は地域社会に大きな影響をもたらしている。

　第一に、行政が提供する公共サービスや、自治会などの既存の地域社会の組織では対処しきれない地域課題が生じている。例えば、地方部では人口減少に伴い、自然災害や獣害などが深刻化し、教育・福祉・医療などの生活機能の維持が重要な課題になっている。都市部の集合住宅や都市近郊の住宅地でも、心身の虚弱化につれて高齢となった住民が買い物や通院を行うことが困難になり、外出・移動や日常生活の支援を行い、介護予防の活動を進める「互助」「共助」に向けた組織づくり・仕組みづくりが強く求められている。

　第二に、地域社会の組織編成への影響がある。具体的には、「脱組織化」という構造レベルの変化がある[12]。これは、町内会・自治会や子ども会、PTAなどの、従来地域社会の教育を担い、学校にも積極的に協力してきた地縁型組織への加入率が近年になって大きく低下し、どの組織にも加入しない層が増加していることを指す。地縁型組織の多くは、任意加入でありながら、重複のない形で各地域に網羅的に組織され、高い加入率を誇ることで、実質的に住民を代表する組織とされてきた。しかし、近年では、町内会やPTAなどの組織への加入が義務でも当たり前のものでもないことが指摘され、その存在自体に疑問を呈する議論が活発となり、地縁型組織の「正当性」自体が大きく低下している。

　第三に、人口減少や少子高齢化が、市町村合併や学校統廃合という形で自治体や学校・学区の再編をもたらしている。例えば、市町村合併の影響で、行政

組織だけでなく、ほかの自治体と歩調をあわせる形で地域の組織再編が進められ、学校統廃合により、学校と地域の一対一の関係性の転換が迫られている[13]。学区の再編が、地域の伝統や歴史・文化の継承に負の影響をもたらすことも少なくない。この意味で、市町村合併や学校統廃合は、従来の学校と地域社会の関係の前提を揺り動かす、地域教育経営上の最も大きな課題であるといえる。

　第4章「地域教育経営としての学校統廃合」（丹間康仁）では、学区再編や学校統廃合という逆境に対して、地域社会全体で教育活動や教育機関のあり方を再創造する動きがどのように進められているかを取り上げる。また、第5章「地域教育経営を通した地域文化の創造と継承」（大蔵真由美）では、コミュニティ・スクールの仕組みを活用したり、行政や民間組織を中心に基盤づくりを進めたりすることで、地域文化の創造や継承を図る取り組みを中心に紹介している。この章では、地域文化の多様性を保障することが、次世代の子どもたちや、地域に住む大人たちの暮らしを豊かなものにすることが示されている。

(2)　「新しい社会的リスク」への対応

　現在の地域社会の変容を考えるうえでは、人口構造の変化だけでなく、産業構造や社会構造の変化がもたらす影響についてもおさえておく必要がある。この変化をとらえるために、「新しい社会的リスク」という考え方を紹介する。

　これまでに想定されてきた「古い社会的リスク」は、正規雇用を中心とした完全雇用の仕組みと男性が稼ぎ手となる家族をモデルに、世帯主が所得を喪失するリスクのことを指してきた。具体的には、失業や加齢、病気、怪我などのリスクがあげられる。一方、「新しい社会的リスク」とは、非正規雇用を中心とした不完全雇用と、夫婦共稼ぎの家族をモデルとした際の、個々人の所得の喪失とケアの危機という、個人化されたリスクを示す。この背景には、経済のグローバル化や、産業構造の転換、労働市場や雇用形態の流動化、少子高齢化、そして女性の社会参加に伴う家族形態の多様化などがあり、従来の公共サービスでは、十分に対応できないようなリスクが生み出され続けている[14]。

　この「新しい社会的リスク」には、学校卒業後の移行問題（安定した仕事や

社会的役割が得られないこと）、不安定な就業状況、ひとり親であること、育児や介護といったケアを必要とする子どもや高齢の家族の存在、仕事と家庭生活の両立（ワークライフバランスの達成）などが含まれる。これらのリスクへの対処には、「社会的投資」、つまり個々人の尊厳を維持し、潜在能力を存分に発揮できるようにしながら、「つながり」を育むことで安心と信頼を構築する戦略が重要とされる [15]。しかし、日本における「社会的投資」は部分的導入にとどまり、その補完として地域社会に「互助」「共助」の充実を強く求める傾向がある。

　例えば、2017（平成 29）年に、厚生労働省「我が事・丸ごと」地域共生社会実現本部は、「『地域共生社会』の実現に向けて（当面の改革工程）」のなかで、制度・分野ごとの縦割りや、「支え手」「受け手」という関係を越えて、地域住民や地域の多様な主体が「我が事」として参画し、「丸ごと」つながることで、一人ひとりの暮らしや生きがい、地域の創出を進める「地域共生社会」の実現を掲げた。このような地域社会での「共生」を掲げる政策の理念には誰も反対はできないだろう。しかし、その実現には多くの壁が存在する。この点に関し、**第 6 章「地域福祉との連携実践にみる地域教育経営の広がり」**（大村隆史）では、教育と福祉の関係を歴史的に解きほぐしたうえで、地域教育と地域福祉相互の連携を高め、将来世代を育成するという地域教育経営の戦略を示している。

　また、これとは別の「新しい社会的リスク」として、働いても生活に十分な所得を得られないワーキングプアの問題や、ひとり親世帯の貧困問題、そして教育費における公的支出の少なさなどが絡み合って生じる「子どもの貧困」問題を取り上げたい。この問題は 2008（平成 20）年頃から、大きな社会的問題としてマス・メディアなどに大々的に取り上げられている。政府による対策も行われるようになったが、それに先行して、市民活動団体による無料学習支援やこども食堂などの優れた取り組みが進められてきたことは注目に値する [16]。個人化が進む「新しい社会的リスク」については、一律の対応が困難なことから、機動性と柔軟性を兼ね備えた市民活動団体への期待が大きい。**第 7 章「子どもの貧困問題と市民活動」**（佐渡加奈子）では、東京都足立区の「アダチベー

ス」という拠点を例に、一人ひとりの子どもに寄り添いながら、市民活動団体が実際に「学習支援」「居場所支援」などをどのように進めているかを描く。この章では、職員たちの継続的な関わりが、子どもたちの「自信」を育んでいく過程を示す。

3.「地域教育経営」の主体とパートナーシップ

　第Ⅲ部「地域教育経営の主体とパートナーシップ」では、地域教育経営の主体として政府部門（行政）や民間部門（企業・市民活動団体など）の組織を取り上げ、各組織の役割とパートナーシップ（連携・協働）の問題を考える。

(1) 行政や企業の役割の変化

　まず、政府部門、つまり行政（国や地方公共団体）には、地域社会におけるさまざまな組織や団体が、協力して活動できるような制度や環境整備を進める役割が求められている。これまでの行政の役割が、住民に対して教育や福祉などの公共サービスを直接提供する「住民サービス」モデルだったとすれば、現在は、民間企業や市民活動団体が、公共サービスの提供に関わるための基盤を準備する「プラットフォーム提供」モデルへと転換を遂げつつある[17]。

　この転換の背景には、公共政策の変容がある[18]。戦後の経済成長のもと、1970年代までの先進諸国は、教育や福祉、医療などの公共サービスを拡大させる福祉国家の拡充期に入った。日本でも、高度経済成長期に公共施設の整備が進んだように、公共サービスを全面的に行政が提供する「公共管理」と呼ばれる方式がとられてきた。しかし、1970年代のオイルショック以降、先進諸国では、経済成長が鈍り、「福祉国家の危機」と呼ばれる状況に直面する。

　この対応策として、1980年代以降、New Public Management（新公共経営、以下ではNPM）という新たな公共政策の手法が登場した。NPMは、民間企業における経営理念や手法、成功事例などを行政現場にも適用し、行政部門の効率化・活性化を図るものである。例えば、公共サービスの民営化や市場原理の導入、公的支出の抑制、明確な顧客志向、さまざまな規制の緩和といった考

え方や手法が導入されてきた。日本でも、2000年代以降、公共施設の建設・
管理・運営にNPMの考え方が適用され、PFI（Private Finance Initiative）や、
指定管理者制度、独立行政法人などの仕組みが導入された。

　しかし、NPMには、公共サービスに関する人材の育成などが十分に果たさ
れないという問題や、効率性を重視するあまり「参加」や「公正」といった公
共的価値の実現が阻まれてしまう問題がある。これに代わって提案されている
のが、New Public Governance（新公共ガバナンス、以下ではNPG）である。
NPGは、「子どもの貧困」などの社会的課題に対し、行政が民間企業や市民活
動団体との間に単純な契約関係を取り結ぶだけでなく、政策目標やアイディ
ア、サービス提供の責任を共有しながら、協働する関係の構築をめざすもので
ある。

　また、民間企業が地域で果たす役割も変化を遂げつつある。1990年代以降
のグローバル化の進展や、世界的な格差の拡大を背景に、企業の経営姿勢も、
単なる利潤追求から、CSR（Cooperate Social Responsibility、企業の社会的責
任）を求めるものに転換した。CSRには何層かのレベルがあるが、情報公開
や法令遵守、メセナやボランティアへの支援という形での社会貢献を越えて、
消費者や利害関係者との対話や協働を通じて、共通する利益・価値観を見いだ
し、Win-Winの関係を実現する「戦略的CSR」が最上位に位置づけられる[19]。

　さらに、CSRからCSV（Creating Shared Value、共有価値の創造）への転
換も提唱されている。CSVとは、企業に対して、社会貢献や慈善事業を行う
だけでなく、経済的価値を創造しながら社会的ニーズに応え、新たな社会的価
値を創造していくことを求める考え方である[20]。CSVでは、政府部門や民間
非営利部門とパートナーシップを結び、価値を共創していく過程が重視され、
このことが企業の成長や持続性を支えることにもつながると考えられている。

(2) さまざまな組織・機関の役割とパートナーシップ（連携・協働）の問題

　前項で述べたように、21世紀に入り、行政や企業は単独で社会的課題の解
決を図るのでなく、パートナーシップを構築することが求められている。この
パートナーとして期待されているのが、社会教育施設や地域社会の諸組織、市

民活動を行う団体、高等教育機関（大学）などである。第Ⅲ部では、各組織・団体がどのような状況に置かれているかを把握し、その現代的役割を示す。

　まず、第8章「地域づくりに果たす社会教育施設の役割」（生島美和）は、公民館・図書館・博物館という教育施設の理念や法制度、近年の改革の動向をおさえたうえで、住民主体の学習活動を地域づくりに結びつけている事例を取り上げる。次に、第9章「地方創生・地域づくりの政策と住民自治組織の役割」（荻野亮吾）では、地域づくりに関する政策の変遷を概観したうえで、住民主体の地域づくりに向け、住民自治組織と行政双方に求められる役割を検証する。この二章では、伝統的に社会教育を支えてきた施設と地域の団体が、時代の変化にあわせて従来の役割をどう更新していくかという道筋を明らかにする。

　さらに、近年、地域社会の教育で影響力を増している高等教育機関（大学）や、市民活動を行う組織や団体の役割を取り上げる。まず大学は、それぞれの地域に拠点を有し、教員・学生という豊富な教育資源と、独自の教育カリキュラムを有する点で地域教育経営において主要な組織になりうる。第10章「地域に貢献する大学」（青山貴子・中川友理絵）では、大学が自らのもつ教育資源を地域社会にどう開放してきたかをおさえたうえで、サービス・ラーニングやパブリック・アチーブメント型教育などを通じて、将来的に地域社会の担い手となる大学生の教育を、地域と協働してどのように進めているかを明らかにする。

　また、1990年代以降、地域課題の解決に大きな役割を発揮する市民活動団体を含む、非営利セクターの活動に焦点を当てる。このセクターには、公共サービスの提供だけでなく、政府や企業への提言や異議申し立てを含むアドボカシーの活動、そして地域における社会関係資本の醸成の役割が期待されている。このセクターの役割や活動上の課題については、第11章「非営利セクターによる社会課題の解決」（中村由香）で、NPO法人の事例などを中心に紹介する。

　地域教育経営の視点からすると、行政と企業に加え、ここにあげた機関や組織が相互に目標や資源を共有し、連携・協働を進めることで、単独で成し遂げ

られない成果を生み出せることが理想的である。ただし、パートナーシップに潜む落とし穴には注意が必要である。そもそも、行政・企業・地域社会の組織・大学・市民活動団体では、それぞれの目的や性格が異なり、相互に有する財政的・物的・人的資源に大きな開きがある。そのため、連携・協働を進める基盤となる対等な関係が築きにくかったり、弱い立場にある組織の独立性が脅かされたり、活動の過程で組織本来の目的が見失われたりすることが起こりうる。

　この陥穽(かんせい)を避けるには、連携・協働がどのような状態にあるかを評価することが重要となる。例えば、J.E.オースティンの「協働類型モデル」では、企業とNPOとの「協働」の関係を、①「慈善型」＝企業からNPOに金銭的・物的寄付や人材派遣を行う関係、②「取引型」＝企業とNPOが相互に資源を出し合い、利害が一致する点で協力する関係、③「統合型」＝企業とNPOが経営資源を提供しあいながら新たな社会的事業を起こしていく関係、の三つに分類している。そして、①から③へと、関係が深まるほど相互に価値観や目的を共有でき、より対等な関係性に近づいていくと述べる[21]。このほかにも、大学と地域社会の組織との連携において、「一時的なイベントやプロジェクト」「短期間の連携」「継続的な連携（相互依存）」「連携の深化（自律的関係の形成）」「相互変容的な連携（知識の共同創出）」といった五つの段階が示されることもある[22]。連携・協働を進めるには、組織同士が相互の関係の質を把握しあい、戦略的に関係を深化させることができるよう、関係者が目標や見通しを共有し、目標に向けた歩みを定期的に振り返ることができる機会を設けることが不可欠である。

　本書の各章には、異なる組織が対等な関係づくりに向けた歩みを進めるためのヒントが散りばめられている。第Ⅲ部のなかで少し例をあげると、第8章では、NPMに基づく指定管理者制度を逆手に取り、行政が公民館職員の力量形成を支援するだけでなく、地域の住民組織が地域運営を行う力量を身につけられるよう支援する様子が描かれている。第9章では、住民主体の地域づくりの取り組みを実現するための行政側の「待ち」の姿勢や、地域の現場に近い施設に「橋渡し役」の職員を配置する戦略が示されている。第10章でも、地

域との連携を進めるために大学がコーディネーターを配置することの重要性が
説かれている。ここから、連携当初から対等な関係を築くことは難しくとも、
連携・協働のなかで相互の組織同士が成長や変容を果たせるような過程や仕組
みをデザインすることが重要なことがわかる。

4.「地域教育経営」を実現するためのデザインと評価

(1) 地域教育経営を形づくる「つながり」と「熟議」

　最後の第Ⅳ部「地域教育経営のデザインと評価」では、「地域教育経営」の
実現に向けたデザインと評価というテーマについて論じる。本節では、都市計
画・まちづくりの領域や政治学の議論を参考に、ポイントを整理する。
　地域教育経営を考える一つのヒントは、都市計画やまちづくりの領域におけ
る「コミュニティデザイン」の考え方に求められる。この言葉を広めた山崎
亮は、コミュニティデザインを、つながりをデザインする仕事と表現した[23]。
また、まちづくりの研究者の小泉秀樹は、コミュニティデザインの対象領域と
して、社会的関係そのもののデザインと、その関係をつくりあげる空間や機会
となる「場（place）」のデザイン、さらにこれらを支える住民の組織形成を促
す制度や情報交流を支える仕組みのデザインという三点をあげている[24]。こ
のように、都市計画やまちづくりの領域では、まちづくりの根幹にある人々の
関係に焦点を当て、この関係を紡ぐ基盤となる制度や仕組みのあり方を追究し
てきたといえる。
　このような地域社会におけるつながりづくりは地域教育経営の基礎になる
が、それだけでは、学校教育や地域社会の教育を改善することにつながらな
い。ここでもう一つの補助線として、政治学のなかで議論されている「熟議」
に関する議論を取り上げる。「熟議」は、私たちが意思決定を行う際に、他者
の意見に耳を傾け、その根拠を示しながら、相互に納得できる理由を紡ぎ上げ
る対話の実践を指す。政治学者の田村哲樹や、まちづくりの研究者・実践家の
伊藤雅春は、熟議のなされる場を、公的な意思決定の場面だけでなく、家庭や
地域社会にも広げる「入れ子型熟議システム」の考え方を提案している[25]。

　地域社会における「入れ子型熟議システム」とは、家族や身近な友人という私たちが安心して過ごせる空間である「親密圏」と、公的な意思決定の場である「公共圏」との中間領域である地域社会に「意見形成を行うための熟議の場」[26] を実現しようとする考え方である。この考え方は、地域自治組織などの意思決定の仕組みづくりをめざす従来のコミュニティ政策（第9章参照）と比べて、「親密圏」で各自が抱える問題や課題認識を共有し、公的な意思決定の場である「公共圏」へと橋渡しする場を組織化する点で、新たなコミュニティ政策の方向性を示すものである。この「熟議システム」を設計するため、田村は既存のファシリテーション概念を拡張し、個別の「熟議」の場のファシリテーションからよりマクロな次元でのファシリテーション、つまり広域な「システム」という次元で「熟議」を組織化する取り組みや仕組み、仕掛けが必要だと述べている[27]。

　以上をまとめると、地域教育経営とは、学校の構成員や地域社会で暮らす人々を教育の当事者として位置づけ、それらの人々の間に「つながり」を紡ぐことで、学校運営協議会などの組織化された公的な意思決定の場面をはじめ、教育に関して「熟議」がなされる領域を日常的なさまざまな場面にも広げていこうとする実践、および、それを支える仕組みや制度に関する理論と定義できる。

(2) 地域社会における「熟議」の場の実現

　第Ⅳ部では、前項で示した地域教育経営の構想を具体化する。まず、第12章「コミュニティにおける対話と学習環境デザイン」（佐藤智子）では、地域の関係性を紡ぐための対話づくりの方法を取り上げる。対話とは、私たちがあるコミュニティの一員になるために必要なコミュニケーションの形式であり、学習そのものでもある。そして、前述の「入れ子型熟議システム」を構成する最大にして不可欠な構成要素である。しかし、政治学者のJ.S.フィシュキンが指摘するように[28]、参加者が相互の意見を尊重し、その理由を掘り下げながら、すべての参加者の意見が取り上げられる場をつくるためには、多くの障壁がある。第12章では、二つの事例を通じて、これらの障壁を乗り越えるため

の、ファシリテーションの方法や、対話の場を実現するための工夫を明らかにする。

　次に考えるべきは、「親密圏」と「公共圏」を媒介する地域社会における「熟議」の実現である。例えば、組織の「正当性」が揺らいでいる子ども会やPTAなどの地縁型組織の運営を、関係者の話し合いを通じて改善する方法が考えられる。また、地域に広がる「まちの居場所」の運営方法をめぐる「熟議」も重要となるだろう。2000年代以降に広がってきた「まちの居場所」は、従来の制度・施設の枠組みでは充分に対応できない課題に直面した人々が、自分たちの身近な場でその解決を試みるものである[(29)]。この場は、公的な意思決定の場では表出されにくく、既存の制度ですくいきれないさまざまなニーズに関し、当事者とその支援者・伴走者が主体となって、その充足をめざすものである。当事者のニーズや想いを具現化し、現在の支配的な価値を相対化しようとする点で、「熟議」が実践される場となりうる。**第13章「住民主体で進める居場所のデザイン」**（荻野亮吾・高瀬麻以）では、人々のつながりを紡ぐ居場所の役割と、運営者や参加者の話し合いを通じて、居場所をデザインする方法を示す。

　さらに、「熟議」を、単なる話し合いで終わらせることなく、主体的なまちづくりにつなげ、地域社会に新たな「つながり」を紡ぐ実践も重要である。**第14章「住民主体のまちづくりのプロセスとデザイン」**（似内遼一）では、都市計画・まちづくり分野の取り組みから、地域で住民が合意を形成していく方法を明らかにする。この分野では、「まちづくりの原則」[(30)] として、住民が主体となって身近な居住環境を改善していく実践的な方法論が蓄積されてきた。この章では、まちづくりに向けた話し合いの場をデザインするワークショップや、専門家とのコミュニケーション、アウトリーチなどの方法を紹介する。さらに、東日本大震災の被災地である岩手県大槌町における「住環境点検活動」の実践を取り上げ、「熟議」をもとに地域に新たな「つながり」を紡いでいく過程を示す。

(3) 地域教育経営の目標であるエンパワメント

　本章の最後に、地域教育経営の目標となる「エンパワメント」という論点をあげておく。エンパワメントとは、「個人が自分自身の生き方についての統制と支配を獲得し、コミュニティにおける生活に民主的な参加を獲得する過程」と定義される[31]。このエンパワメントには、M.A.ジマーマンが指摘するように、個人、組織、そして地域社会という三つのレベルがあり、この各層において力を得ていく過程（empowering）と、力を得た成果としての状態（empowered）が存在する[32]。これら三層の関係として、個人レベルでエンパワーされる人が増えることで、組織の活動が活性化し、地域社会全体で新しい取り組みに挑戦する力や意欲が高まるという影響関係や、地域全体で多様な活動に関わる機会が増すことで、地域社会を構成する組織やメンバーが課題に向き合う機運が高まり、それが個人レベルで地域のために自分は力を発揮できるという感覚を高めるといった影響関係など、相互に関連・影響しあう関係を想定できる[33]。

　最終章の第15章「住民主体の活動の評価」（菅原育子）では、このような三層の関連性を高めるための、住民主体の活動の評価の方法を論じる。評価のポイントは、当事者が自分たちのための評価であると実感でき、評価を通して活動の改善や深化が見込めることである。同章の議論を通して、住民主体の活動の各場面に評価活動を埋め込むことが、住民個人や組織のエンパワーにつながり、地域教育経営の質を高めていくことについてよく理解できるだろう。

〔荻野 亮吾・丹間 康仁〕

《注・参考文献》

(1) オルセンの「コミュニティ・スクール（地域社会学校）」の議論は、地域社会のなかで生活する児童の社会過程をカリキュラム編成に取り入れようとするもので、この活動を通じて民主的な社会を実現しようとするものであった。

(2) 今野雅裕「学校と地域社会 — その歴史的展開」鈴木眞理・佐々木英和編『社会教育と学校』（シリーズ生涯学習社会における社会教育2）学文社, 2003年, pp.57-61.

(3) 鐘ヶ江晴彦「解説『地域と教育』の課題と展望」鐘ヶ江晴彦編『現代のエスプリNo.184 地域と教育』至文堂, 1982年, pp.14-19.

(4) 北神正行「『地域教育経営』論の再検討課題と教育経営学」『日本教育経営学会紀要』第 51 号, 2009 年, pp.23-33.

(5) 河野重男「地域教育経営の構想」日本教育経営学会編『地域教育経営の展開』（講座日本の教育経営 7）ぎょうせい, 1987 年, pp.1-17.

(6) 吉本二郎「教育経営の課題 ― 教育と教育経営」日本教育経営学会編『現代日本の教育課題と教育経営』（講座日本の教育経営 1）ぎょうせい, 1987 年, pp.223-233.

(7) 岡東壽隆「青少年の問題行動と地域教育経営」日本教育経営学会編『生涯学習社会における教育経営』（シリーズ教育の経営 4）玉川大学出版部, 2000 年, p.257.

(8) 浜田博文「地域教育経営論の再構成 ― 学校-地域関係論の検討をもとにして」『学校経営研究』第 26 巻, 2001 年, pp.1-15.

(9) 苅谷剛彦「創造的コミュニティと責任主体」苅谷剛彦ほか『創造的コミュニティのデザイン ― 教育と文化の公共空間』（講座新しい自治体の設計 5）有斐閣, 2004 年, pp.1-22.

(10) 仲田康一『コミュニティ・スクールのポリティクス ― 学校運営協議会における保護者の位置』勁草書房, 2015 年, 武井哲郎『「開かれた学校」の功罪 ― ボランティアの参入と子どもの排除／包摂』明石書店, 2017 年などを参照。

(11) 松田武雄「『社会に開かれた教育課程』の歴史的考察」『中村学園大学・中村学園短期大学部研究紀要』第 50 号, 2018 年, pp.133-140.

(12) 善教将大「市民社会への参加の衰退？」後房雄・坂本治也編『現代日本の市民社会 ― サードセクター調査による実証分析』法律文化社, 2019 年, pp.239-251.

(13) 御代田桜子「学校統廃合に伴う学校-地域連携の再編過程 ― 人口減少社会における『地域教育経営』論の再構築」『日本教育経営学会紀要』第 61 号, 2019 年, pp.62-77.

(14) 濵田江里子・金成垣「社会的投資戦略の総合評価」三浦まり編『社会への投資 ―〈個人〉を支える〈つながり〉を築く』岩波書店, 2018 年, pp.3-30.

(15) 三浦まり「はじめに」三浦編, 前掲, pp. ⅴ-ⅹⅳ.

(16) 荻野亮吾「子どもの貧困対策における官民パートナーシップの可能性」『日本生涯教育学会年報』第 40 号, 2019 年, pp.25-41.

(17) 國領二郎「プラットフォームが世界を変える」國領二郎／プラットフォームデザイン・ラボ編『創発経営のプラットフォーム ― 協働の情報基盤づくり』日本経済出版社, 2011 年, p.3.

(18) ここでは, S.オズボーンの議論をもとに公共政策の流れを整理した, 畑本裕介「社会福祉行政のパラダイム展開 ― PA, NPM, NPG の各段階」『山梨県立大学人間福祉学部紀要』第 9 号, 2014 年, pp.1-12 を参照した。

(19) 高浦康有「企業社会とソーシャルイノベーション ― 企業と NPO の協働による価値創造」宮垣元編『入門 ソーシャルセクター ― 新しい NPO ／ NGO のデザイン』ミネルヴァ書房, 2020 年, pp.173-202.

⑳Porter, M. E. and Kramer, M. R., Creating Shared Value: How to Reinvent Capitalism and Unleash a Wave of Innovation and Growth, *Harvard Business Review*, January-February 2011, 2011, pp.62-77.

㉑Austin, J. E., *The Collaboration Challenge: How Nonprofits and Business Succeed through Strategic Alliances*, Jossey-Bass, 2000.

㉒Enos S .and Morton, K., Developing Theory and Practice of Campus-Community Partnerships, in B. Jacoby and Associates, *Building Partnerships for Service Learning*, Jossey-Bass, 2003, pp.20-41.

㉓山崎亮『コミュニティデザインの時代 ― 自分たちで「まち」をつくる』(中公新書) 中央公論新社, 2012 年.

㉔小泉秀樹「コミュニティデザインの歴史的展開と本書のねらい」小泉秀樹編『コミュニティデザイン学 ― その仕組みづくりから考える』東京大学出版会, 2016 年, pp.1-22.

㉕田村哲樹『熟議民主主義の困難 ― その乗り越え方の政治理論的考察』ナカニシヤ出版, 2017 年, 伊藤雅春『熟議するコミュニティ』(まちづくりブックレット 5) 東信堂, 2021 年.

㉖伊藤, 前掲, p.55.

㉗田村哲樹「熟議民主主義におけるファシリテーション ― 熟議システム論の視座を踏まえて」井上義和・牧野智和編『ファシリテーションとは何か ― コミュニケーション幻想を超えて』ナカニシヤ出版, 2021 年, pp.123-141.

㉘J.S.フィシュキン (曽根泰教監修, 岩木貴子訳)『人々の声が響き合うとき ― 熟議空間と民主主義』早川書房, 2011 年.（原著：Fishkin, J. S. *When the People Speak: Deliberative Democracy and Public Consultation*, Oxford University Press, 2009.）

㉙田中康裕「『まちの居場所』の広がり」日本建築学会編『まちの居場所 ― ささえる／まもる／そだてる／つなぐ』鹿島出版会, 2019 年, pp.10-22.

㉚佐藤滋「まちづくりとは何か ― その原理と目標」日本建築学会編『まちづくりの方法』(まちづくり教科書第 1 巻) 丸善出版, 2004 年, pp.2-11.

㉛Zimmerman, M. A. and Rappaport, J., Citizen Participation, Perceived Control, and Psychological Empowerment. *American Journal of Community Psychology*, 16(5), 1988, p.726.

㉜Zimmerman, M. A., Empowerment Theory: Psychological, Organizational and Community Level of Analysis, in J. Rappaport and E. Seidman eds., *Handbook of Community Psychology*, Kluwer Academic Publishers, 2000, pp.43-63.

㉝菅原育子・荻野亮吾ほか「地域コミュニティにおけるコミュニティ・エンパワメント手法の比較」『西武文理大学サービス経営学部研究紀要』第 38 号, 2021 年, pp.77-90.

《本章をふまえた探究的な課題》

【1】地域社会を基盤とした教育を行うには、学校や地域社会のどのような場で、どのように話し合いを進めていくことが大切かを考えてみましょう。

【2】本書の各章において、地域教育経営に関わる組織や団体が相互に協力をするために重要とされている要素を、一つずつまとめていきましょう。

《さらに学びを深めるために》

◎荻野亮吾『地域社会のつくり方 ── 社会関係資本の醸成に向けた教育学からのアプローチ』勁草書房, 2022 年.

◎丹間康仁『学習と協働 ── 学校統廃合をめぐる住民・行政関係の過程』東洋館出版社, 2015 年.

第2章

日本における生涯学習政策の動向と課題

本章のポイント

　本章では、日本における 1970 年代以降の生涯学習政策の特徴を明らかにする。具体的には、1980 年代まで生涯学習が個人にもたらす成果が強調されてきたこと、1990 年代以降、生涯学習が社会にもたらす影響に焦点が当てられ、多様な主体との連携を強調する流れが強まっていることを指摘する。さらに、近年の代表的政策である「地域学校協働活動」を取り上げ、地域教育経営の観点から課題を示す。

キーワード

生涯教育　生涯学習　多様な主体との連携　ネットワーク型行政
地域学校協働活動　地域教育経営

1.　1970 年代〜1980 年代における生涯学習政策の特徴

(1)　日本における「生涯教育」概念の受容

　1965（昭和 40）年、ユネスコの成人教育推進国際委員会で、P.ラングランが「生涯教育」の考え方を提唱した。この考え方は、これまでの学校中心の教育観を問い直し、誰もが生涯にわたり教育を受け続けられる機会を保障するよう、統合的で組織的な教育システムの構築を提起するものだった。このなかで、二つの「統合」が鍵となる概念として示された。一つは人生の時間軸に沿った「垂直的統合」、つまり、人生のどの段階にあっても適切な教育や学習

を受けられるよう、教育制度や環境を整備することである。もう一つは「水平的統合」である。これは、学校というフォーマルな教育（学習）機会だけでなく、社会教育施設などのノンフォーマルな教育（学習）機会や、家庭・職場・地域社会におけるインフォーマルな教育（学習）機会を統合しようとするものだった。

　ユネスコで提起されたこの生涯教育の考え方は、日本の経済界・産業界で最初に受容された。高度経済成長期には、経済成長を支える優秀な人材の育成が必要とされており、「生涯教育」の概念は、企業内再教育や職業上の人的能力開発の文脈で受け止められた。例えば、内閣府に置かれた国民生活審議会は、1971（昭和46）年に「成長発展する経済社会のもとで健全な国民生活を確保する方策に関する答申」で、職業構造・職業内容の変化に伴い、必要とされる知識や技能が大きく変化しているため、生涯にわたって職業上の能力開発・向上を行うことができる教育・訓練施設の整備が必要であるという提言を行った。

　この一方で、教育界では「生涯教育」の概念を、既存の教育システムの再編を促す考え方として受け止めた。例えば、1971（昭和46）年の文部省の社会教育審議会答申「急激な社会構造の変化に対処する社会教育のあり方について」では、変動の激しい社会では、「新しく出現する知識や技術を生涯学習しなくてはなら」ず、家庭教育・学校教育・社会教育の「三者を有機的に結合すること」が必要であると述べられている。この答申では、生涯教育における「水平的統合」の理念が強調されたといえる。この考え方は、1974（昭和49）年の社会教育審議会建議「在学青少年に対する社会教育の在り方について ─ 家庭教育、学校教育と社会教育との連携」などを経て、学校教育と社会教育の連携を示す「学社連携」の動きにつながった。ただし、学校教育・社会教育を所管する文部省と、企業内教育を所管する労働省という、省庁間の所管の違いも影響し、職場での教育も含んだ総合的な教育システムの再編の動きには発展しなかった。

(2)「生涯学習」概念の広まり

　1980年代に入ると、カルチャーセンターなどの民間教育産業の隆盛に伴い、生涯学習の機会は大きく広がった。この時期の「生涯学習」に関する見方を代表するのが、1981（昭和56）年の中央教育審議会答申「生涯教育について」である。この答申では、生涯教育と生涯学習の関係を以下のように示した。

> 　今日、変化の激しい社会にあって、人々は、自己の充実・啓発や生活の向上のため、適切かつ豊かな学習の機会を求めている。これらの学習は、各人が自発的意思に基づいて行うことを基本とするものであり、必要に応じ、自己に適した手段・方法は、これを自ら選んで、生涯を通じて行うものである。その意味では、これを生涯学習と呼ぶのがふさわしい。この生涯学習のために、自ら学習する意欲と能力を養い、社会の様々な教育機能を相互の関連性を考慮しつつ総合的に整備・充実しようとするのが生涯教育の考え方である。言い換えれば、生涯教育とは、国民の一人一人が充実した人生を送ることを目指して生涯にわたって行う学習を助けるために、教育制度全体がその上に打ち立てられるべき基本的な理念である。

　この答申では、生涯学習に関する個人の自発的意思の尊重と、そのための行政による条件整備の必要性が指摘された。これ以降、生涯学習と生涯教育が理念的に結びつけられ、「生涯学習」の概念を基軸とした政策展開がなされた。

　この後、生涯学習の概念を広める大きな原動力となったのが、1980年代中頃に四度にわたり開かれた内閣直属の臨時教育審議会であった。この審議会では、「個性重視の原則」や、「変化への対応」とともに、「学歴社会の弊害の是正」に向けて「生涯学習体系への移行」という像が示された。このなかでも、生涯学習は自発的意思に基づくものであり、「人々の生きがいや充実した生活につながるもの」で、「各人がそのニーズに応じて主体的に学習を進めること」が基本であることが確認されている。この時期の生涯学習の概念は、「個」を対象にした「自主性」「自己決定性」「主体性」の三つの性質を兼ね備えたもので、この学習を振興するための基盤整備が生涯学習振興の基本方針となったとされる[1]。

　その後、1980年代末から1990年代にかけて、生涯学習局を筆頭局とした

文部省内の機構改革や、同省による全国 1,000 か所余りでの「生涯学習まちづくりモデル事業」の実施、「生涯学習の振興のための施策の推進体制等の整備に関する法律」（通称：生涯学習振興法）（1990 年）の制定などが進められた。このうち生涯学習振興法は、社会教育を所管する文部省と、民間教育産業を所管する通商産業省を中心として生涯学習振興体制を整えようとするものだった。しかし、1990 年代初頭の「バブル崩壊」を背景に、民間教育産業の活動は停滞し、この構図は崩壊した。そのため、1990 年代以降、文部省の社会教育に関わる政策や事業を中心に、生涯学習の振興が図られた。この際に、従来の社会教育の事業が、生涯学習振興の事業へと読み替えられ、両者の差異が曖昧になった。

2. 1990 年代以降の生涯学習政策① ― 社会への成果還元の強調 ―

(1) 生涯学習の社会的成果への注目

　1990 年代に入り、生涯学習政策は「個々人の自己充足を主眼とする段階」から「社会形成に資する構築的な学習活動を奨励するスタンスへ」の転換をみせた [2]。この転換の萌芽が、文部省の生涯学習審議会答申「今後の社会の動向に対応した生涯学習の振興方策について」にみられる。1992（平成 4）年に出されたこの答申は、生涯学習を「学ぶ人自身の個人としての生きがいとするだけでなく、家庭や職場や地域において、人々が共に学び、協力し、励まし合って生涯学習に取り組んでいくことで、家庭や職場や地域が生き生きと活気にあふれ、充実し、発展していく」ものとして、学習の個人的意義だけでなく、社会的意義に焦点を当てた。そして、生涯学習の活性化のために、さまざまな学習需要の顕在化と、学習の成果を活用する機会や場の整備が重要だと述べた。

　この答申では、ほかにも重要な指摘がなされた。一つは、急激な社会変化に伴う「現代的課題」への対応である。具体的には「生命、健康、人権、豊かな人間性、家庭・家族、消費者問題、地域の連帯、まちづくり、交通問題、高齢化社会、男女共同参画社会、科学技術、情報の活用、知的所有権、国際理解、国際貢献・開発援助、人口・食料、環境、資源・エネルギー」という学習テー

マが示された。これらの公共的な学習課題は、身近に学ぶ機会が少なく、学習者本人の必要性の認識も低いため、行政による学習機会の提供が重要とされた。

　さらに同答申では、ボランティア活動と生涯学習との関連も示された。具体的には、①「ボランティア活動そのものが自己開発、自己実現につながる生涯学習となる」こと、②「ボランティア活動を行うために必要な知識・技術を習得するための学習として生涯学習があり、学習の成果を生かし、深める実践としてボランティア活動がある」こと、③「人々の生涯学習を支援するボランティア活動によって、生涯学習の振興が一層図られる」ことの三点があげられた。つまり、本人の生きがいや自己実現という点からだけでなく、学習成果の活用や生涯学習支援という点から、ボランティア活動と生涯学習が結びつけられている。

　この後も、生涯学習の成果の活用への着目は続く。例えば、1998（平成 10）年の生涯学習審議会答申「社会の変化に対応した今後の社会教育行政の在り方について」では、地方分権・規制緩和の流れのなか、地域の実情に合った施策の推進が掲げられ、住民個々の学習だけでなく、地域づくりへの住民参加の促進が社会教育の重要課題とされた。この流れは、1999（平成 11）年の生涯学習審議会答申「学習の成果を幅広く生かす ― 生涯学習の成果を生かすための方策について」にも引き継がれる。この答申では「生涯学習による生きがい追求が創造性豊かな社会の実現に結びつく」ために、生涯学習の成果を個人のキャリア開発やボランティア活動、そして地域社会の発展に生かす方向性が示された。特に、地域社会の発展については、学習機会の充実に努めた従来の取り組みを「生涯学習のためのまちづくり」と表現し、生涯学習の成果を地域社会の活性化に生かす「生涯学習によるまちづくり」への意識転換が必要であるとされた。

(2)「社会の要請」という視点の強まり

　これに続く 2000 年代の生涯学習政策は、「社会の要請」に応えるものとして生涯学習を位置づける姿勢をより鮮明なものにした。2004（平成 16）年の

中央教育審議会生涯学習分科会報告「今後の生涯学習の振興方策について（審議経過の報告）」は、1980年代における生涯学習の考え方からの決別を宣言した。この報告では、従来の生涯学習振興施策の問題点として、生涯学習と社会教育との概念の混同や、社会教育施設の取り組みの社会の要請との不適合、関係機関との連携不足といった点をあげた。そして、今後の生涯学習振興方策の基本的方向を示した。なかでも「個人の要望」と「社会の要請」のバランスという考え方が特に重要である。この考え方では、社会の存続を図るために、共通の課題に取り組む必要があるとして、1992（平成4）年の答申で示された「現代的課題」の考え方を継承し、個人の興味・関心・希望と異なる次元にある「社会の要請」を、生涯学習の根底的な原理に据えた。この路線は、2008（平成20）年の中央教育審議会答申「新しい時代を切り拓く生涯学習の振興方策について ― 知の循環型社会の構築を目指して」にも引き継がれ、「自らのニーズに基づき学習した成果を社会に還元し、社会全体の持続的な教育力の向上に貢献する」「知の循環型社会」の構築という社会像が掲げられた。

　以上の流れを受け、2006（平成18）年に改正された教育基本法では、第3条に「生涯学習の理念」として、「国民一人一人が、自己の人格を磨き、豊かな人生を送ることができるよう、その生涯にわたって、あらゆる機会に、あらゆる場所において学習することができ、その成果を適切に生かすことのできる社会の実現が図らなければならない」という条項が新設された。条項の前半では、1980年代の自己実現に資する生涯学習という考え方を踏襲しつつ、後半では、1990年代以降の生涯学習の成果活用の側面が強調されている。これとあわせて、同法第12条の「社会教育」の項も、「個人の要望や社会の要請にこたえ、社会において行われる教育は、国及び地方公共団体によって奨励されなければならない」と条文が書き改められた。ここに、改正前の「教育の目的の実現」、つまり教育基本法の目的である「人格の完成」を目指す路線からの、社会教育の目的の変化を読み取れる。この流れは、生涯学習や社会教育に求められる役割が、「個人の要望」から「社会の要請」に基づくものに変化したことを顕著に示す。

3. 1990 年代以降の生涯学習政策② ―「連携・協働」の重点化 ―

(1) 学社連携・融合から学校・家庭・地域の連携・協働の推進へ

　1990 年代以降の生涯学習政策のもう一つの特徴は、「連携」への注目である。この一つが、学校を中心にした連携である。第 1 節で述べたように、1970 年代に「学社連携」という考え方が提起されたが、1990 年代中頃にはこれに代わる「学社融合」の考え方が示された。この契機となった 1995（平成 7）年の国立青年の家・少年自然の家の在り方に関する調査研究協力者会議の報告「国立青年の家・少年自然の家の改善について」では、「学社融合をめざして」として「学校と学校外の教育がそれぞれの役割を分担した上で連携を図っていくというだけでなく、それ以上に、相互がオーバーラップしつつ、融合した形で行われていくことが必要であり、またそれがむしろ自然である」と述べられた。1996（平成 8）年の生涯学習審議会答申「地域における生涯学習機会の充実方策について」でも、学校教育と社会教育の役割分担を前提に、「学習の場や活動など両者の要素を部分的に重ね合わせながらも、一体となって取り組んで」いくことを「学社融合」とした。この「学社融合」は、学校教育と社会教育の融合部分を拡大させ、学校のスリム化と学校教育の拡充をめざすものだった[3]。

　しかし、2000 年代に入ると、学校教育の連携相手は、社会教育でなく、家庭や地域社会へと移行していく。この流れの背景には、学校を外部に開いていく政策的意図があった。1987（昭和 62）年の臨時教育審議会第 4 次答申による「学校・家庭・地域の協力関係の確立」の提言以降、学校週 5 日制の順次導入や、「生活科」や「総合的な学習の時間」の導入といった教育課程の再編の動きが背景になり、学校・家庭・地域の連携が推進された。1996（平成 8）年の中央教育審議会の第 1 次答申「21 世紀を展望した我が国の教育の在り方について」では、学校の閉鎖性への批判をもとに、社会に対して「開かれた学校」をめざした学校運営を進めていくことが示された。この動きは、2000 年代の学校評議員制度の導入や学校運営協議会の設置につながった（第 3 章参照）。

　さらに 2000 年前後より、「地域教育」という枠組みのもと、県から市町村に専門職員を派遣し、学社融合や学校・家庭・地域の連携・協力を促す動きがみられるようになった。高知県の「地域教育指導主事」、島根県の「地域教育コーディネーター派遣事業」、大分県の「地域協育振興モデル事業」などがその例である。また、大阪府の「地域教育協議会」や、東京都の「地域教育プラットフォーム構想」など、「地域教育」の包括的体制づくりを進める自治休もみられた。

　学校支援地域本部事業は、これらの自治体施策をもとに、2008（平成 20）年から国の委託事業として導入された（2011 〜 2016 年度は補助事業）。この事業では、小・中学校区単位に学校と地域の連携を促すコーディネーターが配置され、各地域の教育に関する組織体制の整備や、学校支援の充実が図られた。この事業の特徴は、保護者や地域住民を、学校を支援するボランティアとして位置づけ、学校・保護者・地域の連携の概念を広めることに寄与した点にある [4]。

　これらの流れのなかで、2006（平成 18）年改正の教育基本法では、「学校、家庭及び地域住民その他の関係者は、教育におけるそれぞれの役割と責任を自覚するとともに、相互の連携及び協力に努めるものとする」という条項が新設され、学校・家庭・地域の三者に教育の役割と責任があることが明記された。これに続き、2008（平成 20）年に社会教育法が改正され、第 3 条 3 項に「国及び地方公共団体の任務」として、「学校、家庭及び地域住民その他の関係者相互間の連携及び協力の促進に資することとなるよう努める」との条項が追加された。

　以上の動きは、これまで教育システムの外部に位置するとみなされてきた保護者や地域住民に参加や協働の担い手の役割を求め、教育システムの内部に位置づけようとするものである。そして、学校教育と社会教育の連携・融合から、学校（教育）と地域（教育）の連携・協働への路線転換が生じたともいえる。このなかで、社会教育の位置づけも、「パートナーたる『地域』（という特定の集団）に対する後方支援の任」を担うように変化していることが指摘される [5]。

(2) ネットワーク型行政の推進

　もう一つの「連携」の動きとして、社会教育行政が、行政内の他部局や民間組織・団体と連携することで、生涯学習振興を果たしていくという方向性があげられる。この契機となった1998（平成10）年の生涯学習審議会答申「社会の変化に対応した今後の社会教育行政の在り方について」では、今後の社会教育行政の方向性として、「人々の学習活動・社会教育活動を、社会教育行政のみならず、様々な立場から総合的に支援していく仕組み」である「ネットワーク型行政」の考え方が示された。多様化する学習活動や学習ニーズへの対応のために、社会教育行政が生涯学習振興行政の中核として、学校教育・高等教育・民間教育産業・社会教育関係団体・首長部局などと連携する必要があるとされた。

　このネットワーク型行政の視点は、その後の政策でも引き継がれる。前述した2008（平成20）年の中央教育審議会答申「新しい時代を切り拓く生涯学習の振興方策について」では、生涯学習振興行政における多様な関係者・関係機関の連携やネットワークの重要性が強調され、その活動を調整するコーディネーターの役割や、連携の進捗を自己点検する視点が示された。また、同審議会内に置かれた生涯学習分科会による、生涯学習・社会教育の振興方策に関する「議論の整理」（2013（平成25）年）では、社会教育行政が抱える課題として、地域コミュニティの変質や、多様な主体による社会教育事業、社会教育の専門的職員の役割の変化への対応があげられた。そして、今後の社会教育行政の方向性として、従来の「自前主義」を脱却し、関係する行政部局との連携・協働して施策を推進する「ネットワーク型行政」を進めることが、あらためて強調された。

　さらに、2018（平成30）年の「人口減少時代の新しい地域づくりに向けた社会教育の振興方策について」では、社会教育の意義として、人づくり・つながりづくり・地域づくりの三点が示された。この本質的な役割の実現のために、社会教育がより多様な主体と連携・協働すべきとされ、「ネットワーク型行政の実質化」という目標が三度掲げられた。このように、1990年代以降、生涯学習に関する多様なニーズへの対応という点からだけでなく、地域コミュ

ニティの形成や地域課題の解決に向けて、地域の多様な組織・機関との連携・協働を図るネットワーク型行政の推進とその実質化が掲げられてきた。

4. 地域教育経営からみた政策の問題 — 地域学校協働活動を例に —

(1) 地域学校協働活動への展開

　2010年代中頃以降、学校と地域社会の連携・協働を一層推進する仕組みとして、「地域学校協働活動」の仕組みが導入された。その契機となった2015（平成27）年の中央教育審議会答申「新しい時代の教育や地方創生の実現に向けた学校と地域の連携・協働の在り方と今後の推進方策について」では、以下の三点が示された。第一に「地域とともにある学校づくり」と「学校を核とした地域づくり」を一体的に推進することである。第二に、「地域とともにある学校づくり」を推進する仕組みとして学校運営協議会が位置づけられ、「学校を核とした地域づくり」を進めるために、「支援」から「連携・協働」、「個別の活動」から「総合化・ネットワーク化」への転換をめざし、学校支援地域本部や放課後子ども教室などを基盤にした「地域学校協働本部」の組織化が提言された。第三に、「社会に開かれた教育課程」の実現が掲げられた[6]。この政策は、人々の学習成果を社会に還元することを求め、協働やネットワークにより地域の課題解決を図る点で、1990年代以降の生涯学習政策の二つの特徴を兼ね備えている。

　1990年代以降の政策が、学校を地域に開く「開かれた学校づくり」を政策目標にしていたとすれば、現在の政策は「地域とともにある学校づくり」の具体化が志向されている段階にあるといえる。具体的には、2017（平成29）年の学習指導要領の全面改訂により、「社会に開かれた教育課程」という新たな教育課程の姿が明確に示された。同年、学校運営協議会（コミュニティ・スクール）の設置も努力義務化され、学校運営協議会と地域学校協働本部とが車の両輪となり、地域と学校との連携・協働を進める仕組みも整えられつつある（第3章参照）。以上の動きは、学校運営や教育活動への補助的な関わりを越えて、保護者や地域住民が学校運営や教育課程編成に本質的に関わることを求

めるものである。

　なお、地域学校協働活動の推進にあたり、①経営の意思・目的の明確化と、②それを実行するプロセスの二つが重視されている。①については「マネジメントのWill（意思）」の形成が必要であり、これを導くために、②で「子どもたちの実態把握」（Research）に基づき、「目指す子ども像」（Vision）を設定し、取り組みを計画（Plan）して実行（Do）に移し、その過程を評価（Check）して改善を図る（Action）、RV・PDCAサイクルの導入が推奨されている。このサイクルのなかで、子どもと大人が学びあい、育ちあう道筋が想定されている[7]。

(2)「地域教育経営」の視点からみた政策の問題

　最後に、「地域教育経営」の視点から、地域学校協働活動に関わる課題を取り上げ、現在の生涯学習政策に内在する問題点を明らかにする。

　第一に、学校と地域社会双方が抱える教育基盤の不安定さの問題がある。一方に、学校を支援する主体として保護者・住民を位置づけ、地域が学校を支える動きが推進されている。他方で「学校を核とした地域づくり」が掲げられ、「高校魅力化プロジェクト」のように、学校が核となって、過疎化・高齢化で活力を失った地域社会を支えようとする取り組みが進められている。ただし実際の連携・協働では、地域社会が学校運営や教育課程を下支えする構図が描かれやすい。

　しかし、この構図が成り立つには、各地域の教育資源の豊かさが重要になる。「地域の教育力」、あるいは、地域における人間関係や信頼、互酬性の規範などを含む「社会関係資本」が、学校と地域との連携や協働の成果を大きく左右することになる。しかし、第 1 章でも指摘したように人口減少や少子高齢化を背景にして、あるいは市町村合併や学校統廃合の影響で、地域社会を取り巻く状況は厳しく、地域間の格差は無視できない。この意味で、学校と地域社会は、「互いの基盤の不安定さを連携・協働によって支え合っている」状況にある[8]。

　第二に、保護者や地域住民を「責任主体」として位置づけることの問題があ

る。保護者や住民に学校運営や教育活動への協力を求める場合、所得や就労状況などを媒介して、活動への参加の偏りが必ず生じてしまう。この参加の背景にある諸要素が考慮されないまま、「参加」や「協働」を促す政策を推進すれば、暗黙のうちに「参加する責任主体」という前提を置くことになる。しかし誰もが参加できるという前提を置いてしまうと、そもそも参加が難しい層の意見が無視され、非参加者に対し抑圧的なルールが定められる危険性がある。

　この問題の解決のためには「参加」や「協働」を担いうる保護者や住民の力量形成が重要となるが、ここでこの責任を個々人に帰さないような仕組みづくりが求められる。まず、公的な場においてさまざまな立場の「代表性」が確保されることが前提となるが、それ以外にも、参加者同士が意見を交わしあうなかで相互の認識の変容を起こす場、つまり「対話」や「熟議」を促す環境づくりが必要となる（第12章参照）。さらに、この場を円滑に運営できるファシリテーションやデザインも重要になる。しかし、これらの役目を誰がどのように担うかという点に関しては、学校運営協議会も地域学校協働活動も、制度上の課題を抱えている。

　第三に、地域教育経営論からみた際の、地域学校協働の目標設定の問題があげられる。前述のRV・PDCAサイクルでは、「目指す子ども像」が共有すべきビジョンとされる。しかし、これは議論の入口として重要であっても、真に問うべきは、地域教育のあり方や、学校と地域社会の関係性であろう。教育経営学者の水本徳明は、学校と地域社会の関係の再編が進むなかで、学校による「地域」の定義と、地域による「学校」の定義という相互規定的な関係を立ち上げる道筋を示した[9]。この指摘の通り、学校の教育課程に抜本的な変化が求められ、人口構造や社会構造の変化を受けて地域社会も大きく変容するなかでは、それぞれの地域で、学校と地域社会のあるべき関係や、地域の教育の未来像についての議論を積み重ね、その実現に向けた協議を進めることが重要となるだろう。

〔荻野 亮吾〕

《注・参考文献》

(1) 背戸博史「日本における生涯学習概念の転換」大桃敏行・背戸博史編『生涯学習 — 多様化する自治体施策』東洋館出版社, 2010 年, p.6.

(2) 同上, p.12.

(3) 渋谷英章「学社連携論と学社融合論」鈴木眞理・佐々木英和編『社会教育と学校』（シリーズ生涯学習社会における社会教育 2）学文社, 2003 年, pp. 81-86.

(4) 柴田聡史「学校教育の担い手としての保護者・住民」大桃敏行・背戸博史編『日本型公教育の再検討 — 自由, 保障, 責任から考える』岩波書店, 2020 年, p.138.

(5) 背戸博史「公教育制度の一翼としての社会教育」大桃・背戸編『日本型公教育の再検討』, 前掲, p.222.

(6) 熊谷愼之輔・志々田まなみ・佐々木保孝・天野かおり『地域学校協働のデザインとマネジメント — コミュニティ・スクールと地域学校協働本部による学びあい・育ちあい』学文社, 2021 年, pp.47-50.

(7) 同上, 6 章.

(8) 柴田, 前掲, p.141.

(9) 水本徳明「教育経営における地域概念の検討」『日本教育経営学会紀要』第 44 号, 2002 年, pp.2-11.

《本章をふまえた探究的な課題》

【1】ユネスコや OECD（経済協力開発機構）といった国際機関における生涯学習に関する取り組みを調べ、本章で述べた日本の政策との対応関係をまとめてみよう。

【2】自分の住む地域における学校と地域社会との連携・協働に関する取り組みを調べ、どのような組織や機関が関わっているか、どのような活動がなされているかを調べよう。

《さらに学びを深めるために》

◎鈴木眞理・伊藤真木子・本庄陽子編『社会教育の連携論 — 社会教育の固有性と連携を考える』学文社, 2015 年.

第3章

コミュニティ・スクールと地域学校協働活動の制度と実際

本章のポイント

　本章では、学校運営協議会（コミュニティ・スクール）と、地域学校協働活動の制度とその実態を紹介する。続けて学校運営への「参加」と、地域住民・保護者・諸団体との「協働」とを両輪とする形で、2017（平成29）年にコミュニティ・スクール制度の「リノベーション」が行われたこと、それをふまえ、全国的にさらなる広がりが予想されるなかで、いかなる実践上の課題があるのかについても論じる。

キーワード

コミュニティ・スクール　学校運営協議会　地域学校協働活動
学校ボランティア　地域とともにある学校

---

1. コミュニティ・スクールの制度化と学校ボランティアの広がり

　本章では、学校運営協議会（コミュニティ・スクール）と地域学校協働活動に関わる制度とその実態を概説する。この節では、前提として、両制度の基本的な事項を整理する。

（1）学校運営協議会の制度 ── 学校運営への「参加」──

　学校運営協議会は、簡潔にいうと、教職員に加えて、保護者や地域住民なども参加して、学校運営の方針づくりを行う会議体である。学校運営協議会はすべての学校にあるわけではないが、設置拡大が続いている。学校運営協議会を置いた学校のことを、「コミュニティ・スクール」と称する。地方教育行政の組織及び運営に関する法律（以下では、地教行法）第47条の5に根拠をもつ仕組みであり、以下の三つの権限をもって学校運営に関わることができる。

　第一に、教育課程編成その他学校運営の基本的な方針を承認する権限である（第47条の5第4項（改正前の第3項））。校長は、学校運営の方針について承認を受けなければならず、承認行為を通じて学校運営の基本方針に意思を反映する仕組みとなっている。

　第二に、学校運営に関して、校長や教育委員会（以下では、教委）に対する意見を述べることができるという権限がある（第47条の5第6項（改正前の第4項））。校長に対する意見については、第一の権限を行使するうえで出されることもあるが、これに限らず、校長や教委に対して、学校運営のさまざまな局面について、意見や要望を出すことができるとも解釈できる。

　第三に、教職員の任用に関して意見を述べることができる権限もある（第47条の5第7項（改正前の第5項））。採用、転任、昇任に関する事項が対象となり、述べられた意見を任命権者は尊重するものと規定されている。協議会が実現しようとする学校運営にかなった教職員の配置を求める機能と理解できる。

　学校運営協議会が法律上に明記されたのは2004（平成16）年であった。この頃は、学校運営の自律性を高めようとするとともに、その運営に対する説明責任を確保するという流れが強まっていた時代である。当時すでに、学校評議員制度はあったが、これは校長に対して個人として意見を述べるものである。それに対して、学校運営協議会は、法律を基盤にした権限と責任を与えられた合議制の機関である。学校運営協議会を構成する各委員は、校長ではなく教委によって任命され、しかも特別職の地方公務員としての守秘義務ももつ。これらのことは、学校運営協議会が、より学校と対等に近い、責任ある立場から学

校運営に関与できるようにすることを意図したものと理解できる。

　学校の自律性という時に、典型的なものの一つが、総合的な学習の時間（以下では、高等学校の「総合的な探究の時間」も含め総合学習とする）の導入である。全国的な教育課程基準である学習指導要領を通じて高い標準性を備えていた当時の日本の学校制度に対し、総合学習は、学校ごとに、地域性をふまえた教育活動を組織することを期待した。上記第　の権限の中で、教育課程の編成が必ず協議されるべきとされたのは、こうした時代背景によると考えられる。

　もちろん、教委が学校運営の管理権をもち、その日常的な部分が校長に委任されるという基本構造に変更はなく、学校運営協議会が教委や校長より上位の権限をもつと解することはできない。しかし、教職員の任用や、教委の学校管理のあり方について、保護者や地域住民の意見を直接反映する仕組みであることは間違いない。学校・教委と学校運営協議会の三者の関係を規定する趣旨で、学校教育法の体系ではなく、地教行法に定められている。

(2)　学校ボランティアの広がり ── 教育活動での「協働」──

　前節が学校運営への「参加」に関するものだったのに対し、学校教育の具体的な諸活動に保護者や地域住民が関わること、すなわち教育活動における「協働」（協力してともに働くという意）の事例も、2000 年代に増えていった。

　一例をあげよう。東京都内のある小学校では、学校支援ボランティアが多様に関わる学校づくりを、21 世紀が始まった頃から続けている。同校では、どのような分野の学校ボランティア活動がありうるのか、その想像力を広げるため、次ページの図 3-1 のような分類図を作って可能性を模索した。従来は、教育課程内で専門性を持った外部人材を用いるⅠ、または教育課程外で比較的誰もが参加できるⅢの活動が多かったが、教育課程外にも専門性を持った関わりをしてもらうⅡや、専門性を持たず、しかし教育課程内で活動を行うⅣにも活動の幅を広げることを考えた。学校支援ボランティアは、子どもの変化に立ち会えることから、保護者や地域住民の生涯学習の意味合いをもって受け止められ、広がっていった。当初は学校の呼びかけで進んだが、次第に保護者・

地域住民に定着し、学校とのコーディネートもボランティア自身が立ち上げた団体によって担われるに至った。同団体は、設立から20年が経とうとする2022（令和4）年現在でも、世代交代を経ながら、活動を継続している。

　教育課程外（図書館ボランティア、通学路の整備・見守りなど）での取り組みを通じて学校を支援する動きは従来もあったが、この学校のように、教育課程内への参加が広がったのが2000年以降の特徴である。家庭科の実習補助、校外学習の見守りなどに加えて、算数、国語など、教室での学習を補助する学習支援ボランティアが奨励された。ここには、退職教職員、教職希望の学生なども参加したが、地域住民や保護者がさまざまな形で参加する動きも活発化した。また、キャリア教育など、学校教育の現代的要請によって、外部専門家の協力が一層求められるようになった。

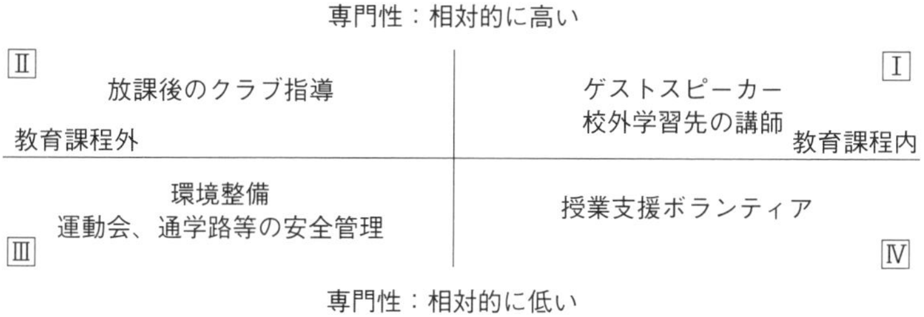

専門性：相対的に高い

Ⅱ		Ⅰ
放課後のクラブ指導		ゲストスピーカー 校外学習先の講師
教育課程外		教育課程内
環境整備 運動会、通学路等の安全管理		授業支援ボランティア
Ⅲ		Ⅳ

専門性：相対的に低い

図3-1　学校ボランティアの分類
出典：前述の小学校の学校支援ボランティア団体が作成したものをもとに筆者が
　　　再整理して作成

　2008（平成20）年には、学校支援地域本部という事業も国で予算化された。この事業は、ボランティアと学校との間で、それぞれのニーズをふまえて活動を調整・組織化するコーディネーターの配置を促し、ボランティアを促進するための制度であった。中学校の通学区域などを単位として本部を設置し、複数の学校でコーディネーターが活動する形である。導入2年後の2010（平成22）年5月の時点で2,528本部、2014（平成26）年には3,746本部（小学校6,244校＋中学校2,814校）となり、全公立小・中学校の30％をカバーするに至った[1]。

2. 学校運営への「参加」と教育活動での「協働」
― 実証研究からみるその課題 ―

　ここまで、学校運営の方針を作る「参加」と、具体的な教育活動での「協働」について、2000年代以降にそれぞれ制度や事業が用意されていったことを確認してきた。そして、各地でさまざまな実践が取り組まれてきたことも論じた。「開かれた学校」という言葉が、行政・学校によって広く用いられるようになり、地域と学校との関係が見直されていったのである。しかし、現時点で当時を振り返ってみると、学校運営協議会の機能状況には課題もみられた。

　まず、学校運営協議会は、任意設置であったこともあり、広がりに欠けた。法制化から5年後の2009（平成21）年には475校、10年後の2014（平成26）年には1,919校にとどまっていた。学校支援地域本部が導入数年で全国に広がったことと比べると、その普及速度の遅さは明らかだったといえよう。その理由はさまざまに考えられるが、文部科学省に設置されている中央教育審議会（以下では、中教審）が「ややもすれば、学校が地域住民や保護者等の批判の的となるのではないかといった印象を持たれてしま」ったと述べている通り、その権限の強さに対する懸念、特に、法定三権限の中でも、教職員の任用について意見が出ることによって混乱が誘発されるといった学校や教委の「抵抗感」があったことが、広がりを欠いた一つの大きな要因だったと考えられる[2]。

　また、学校運営協議会での協議実態についての研究からも、「参加」が実質化していなかったことがわかる。筆者の研究からは、学校運営協議会委員の多くが学校行事や地域人材の活用などに対して意見を反映していると自己認識している一方で、学校の予算や人事など、硬質な論点に対しての意見反映は低調になりがちであることがわかっている[3]。学校支援ボランティアが政策的に推進されてきたことを論じたが、学校運営協議会も、学校支援ボランティアの「実行委員会」といった運用が多かった。教育社会学者の広田照幸は、「保護者や地域の人たちの関与の内実を見ても、学校の意思決定に参加するという姿とは程遠い」[4]と指摘し、教育経営学者の岩永定はその姿を「学校支援型コミュ

ニティ・スクール」と表現している[5]。こうした実態は、前述の中教審の表現を借りれば学校が「批判の的」になっているわけではないという意味で、学校側からすれば好ましいことかもしれない。しかし、逆にいえば、なぜ学校運営協議会でなければいけないのか、その固有の意義を見失わせる結果であるともいえる。

　以上に述べたことは、参加と協働の「脱連結」という問題としてとらえることも可能である。この間、学校支援ボランティアが盛んになったことは間違いなく、関係者は、具体的な活動のなかで、子どもの育ちや教育の実態について、自らの見識を育ててきたはずである。本来ならばその知見を持ち寄り、より本質的な教育熟議に接続させることが求められた。特に、教育課程が必ず議論されるという法律の規定であることを考えると、活動の中で見いだされた課題や提案を教育課程の改善に結実させるなどが重要だった。だが、例えば、コミュニティ・スクール研究の第一人者である佐藤晴雄らが文部科学省から委託を受けた調査によれば、「教育課程」は「よく取り上げられる」が35.0％、「少し取り上げられる」が43.2％となっている。これは、逆にいえば20％強の学校では、教育課程は取り上げられていないと回答していることになる。教育課程は先述の通り、必ず承認を受けるべき事項であることからすれば、少なくない数字である[6]。

　なお、参加と協働の「脱連結」問題は、行政組織機構に由来する面があることもふれておきたい。学校運営協議会は、文部科学省初等中等教育局の参事官が担当課であり、学校支援地域本部や放課後子ども教室は、同省生涯学習政策局の社会教育課が担当課だった（いずれも2018（平成30）年まで）。中央省庁における部門の別は、予算事業や法令の系統の違いに媒介され、教委・自治体における社会教育／学校教育の所管の違いとなって現れていた。学校や地域での活動は、そのような部門の違いによって色分けされるものではないが、不要な複雑性を実務に与えたことは間違いなく、「学校支援地域本部は導入するが学校運営協議会は不要」といった教委や学校の対応を誘発した可能性もある[7]。

　20世紀終わり頃に政策用語となった「開かれた学校」に対して、民主党政

権時代には「地域とともにある学校」という概念が導入されたが、この概念は、いかにして、「協働」の活発化を「参加」の実質化に接続させていくかという課題に対する萌芽的な問題意識を示すものとなっている。「地域とともにある学校」づくりにおいては、校長による「マネジメント」に加え、「熟議」（本章でいえば参加）と「協働」が両輪となるとされ、学校が地域とより密接な関係性をもちながら相互発展する像が描かれる。参加と協働の連結の中で、学校と地域が資源と目的意識を共有するという理念が示されたのである。

3. 2017 年の法改正 ── コミュニティ・スクールのリノベーション ──

2015（平成 27）年 3 月の教育再生実行会議第六次提言は、すべての学校のコミュニティ・スクール化を図り、地域との連携・協力体制を構築し、学校を核とした地域づくりへの発展を目指すことが重要であると提言した。この提言を受けて、中教審の初等中等教育分科会に「地域とともにある学校の在り方に関する作業部会」が設けられた。ここでの審議を経て、2017（平成 29）年 3 月には、関連する法改正が行われた。それは、10 年以上、大きな改正のなかった学校運営協議会の法制度を変化させるものであった。

この改正の主要事項は、以下四点にまとめられる。

第一に、前述した「批判の的」論、すなわち、学校が学校運営協議会から一方的な批判や監視を受けるという懸念を解消する形での改正がなされた。学校運営協議会は法定三権限を引き続き備える。だが、そもそもの前提として、学校運営協議会の法的位置づけを、当該の「学校の運営」に加え、「運営への必要な支援」について協議するものと明確化した（地教行法第 47 条の 5 第 1 項）。次に、校長が、学校運営協議会委員の任命について、教委に意見を述べることができることを明記した（同第 3 項）。

また、教職員の任用に関しての意見を、「教育委員会規則で定める事項」とし、地方自治体ごとにその内容設定の裁量をもたせた（同第 7 項）。このことについて、文部科学省は、「協議会の趣旨を踏まえた建設的な意見に限ることや、個人を特定しての意見ではなく、対象学校の教育上の課題を踏まえた一般

的な意見に限ることなどが想定されます」と述べている [(8)]。

　第二に、社会教育法の改正が行われ、「地域学校協働活動」が法律上に明記された。社会教育法第5条には、かねてより、①放課後や休業日における、学齢児童・生徒を対象とした社会教育施設等での学習機会の提供（社会教育法第5条第1項13号）、②青少年を対象とした体験活動の機会の提供（同14号）、③社会教育での学習の成果を活用して行う社会教育施設や学校での活動の機会の提供（同15号）が、教委の事務として明記されていた。そもそもこの①～③は、学校教育や学齢期の子どもの教育に関わるものであったが、2017（平成29）年の改正では①～③について、特に学校と協働して行う活動を「地域学校協働活動」と位置づけた。これまで行われてきた学校ボランティア活動だけでなく、地域における学習活動や、社会教育施設における活動を、幅広く学校教育とつなげる趣旨と理解できる。社会教育法では、この円滑な実施に向けた体制整備を教委に求め、「地域学校協働活動推進員」を配置できることとした（社会教育法第9条の7）。地域学校協働活動推進員は、学校運営協議会の委員の任命区分の一つとして新たに明示されており（地教行法第47

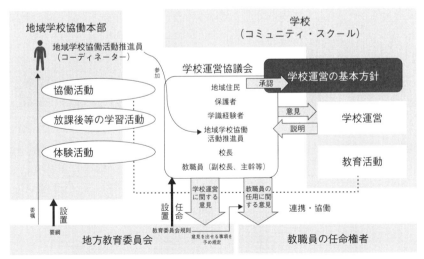

図3-2　学校運営協議会と地域学校協働本部の関係
出典：文部科学省の各種資料をもとに筆者作成

条の5第2項)、このことからも、学校運営協議会と、地域での活動との連結を推奨する政策の意図が読み取れる[9]。

　第三に、小中一貫・連携による学校運営が一定の広がりをみせていることをふまえ、従前は一つの学校に一つの学校運営協議会を置くことになっていたが、複数校に一つの学校運営協議会を置く形式も可能とした（地教行法第47条の5第1項)。

　第四に、以上をふまえ、各地方教委は、所管する学校について学校運営協議会を設置するよう努めなければならないとして、全公立学校のコミュニティ・スクール化が努力義務とされた。

　以上の改正内容がもつ意味は、第一に、学校運営協議会の基本的な枠組み（三権限）は残しつつ、地方教委や学校が抱く不安感や不必要感を取り除くために細部での修正を積み重ねた点、第二に、社会教育・生涯学習の領域で積み重ねられてきた地域での諸活動を学校教育と連結させようとした点、第三に、学校側からみたときには、学校教育の諸活動への支援的な関わり（「協働」）と、学校運営への「参加」を連結させようとした点において見いだすことができる。さらにいえば、地域の活性化やまちづくりなどへの波及効果を狙っていることもうかがえる。学校を核とした地域づくりとしての「スクール・コミュニティ」という表現が、「コミュニティ・スクール」と並んで用いられている所以である。

　以上を図3-2のようにまとめた。学校と地域の連携を深めるための制度について、それらの基本的な構造は維持しながら、諸機能と連携を図り、利用しやすさを高め、これによってより広く活用されることを期待したという意味で、コミュニティ・スクール制度のリノベーションが行われたといえる[10]。

　なお、学校運営協議会と地域学校協働本部（活動）に関係する文部科学省内の事務分掌が、それぞれ初等中等教育局と生涯学習政策局と異なっていたと先に述べたが、これらの分掌は、2018（平成30）年、総合教育政策局の地域学習推進課に統合された。ここからも、これまで拡散傾向にあったさまざまな制度や事業を統合的・連動的に促進する方向性が読み取れる。

4.　コミュニティ・スクールを用いた地域教育の実践上の課題

　前節で述べた通り、2017（平成29）年の法改正で地域学校協働活動が社会教育法に位置づけられ、学校運営協議会の設置が地方教委の努力義務となった。これを受け、各地方教委において取り組みが進んでいる。2021（令和3）年5月現在、全国で11,856校に学校運営協議会が置かれ、小学校や中学校では37.3%にまで拡大した。地域学校協働本部も増加し、義務教育段階で学校数は18,296校（65.1%）がカバーされるに至った（いずれも、文部科学省調べ）。

　本節では、コミュニティ・スクールなど地域と学校の連携・協働の取り組みが普及期にあるとの認識を前提に、今後を見通してどのような課題があるかを検討していきたい。

　第一に、本質的な教育熟議をいかに志向するかという課題がある。第2節で参加と協働の「脱連結」という問題を指摘し、また、第3節で、今般の制度改正は参加と協働の往還関係を各地域で構築することを求めるものであると述べた。これに関連して、現在、学校教育領域では、「社会に開かれた教育課程」や「カリキュラム・マネジメント」をキーワードに教育課程改革が進行していることを指摘したい。端的にいえば、前者は、社会と連携・協働した教育活動を進めるということで、各教科や総合学習などを通じて学校が社会（地域、社会、世界）と接続するということである。また後者は、「教育課程を作り、動かし、変えていく」プロセスであるが、学校と地域社会が連携して行う活動については、教職員だけでなく、保護者や地域住民の主体的な参加を得て、これを行うことが期待される。このように、学校教育の本丸ともいえる教育課程改革において、参加と協働による取り組みが有用とされていることは注目に値する。制度化から10数年を経て、教育課程が学校運営協議会で必ず議論されるべきこととされた学校運営協議会の法制度が、あらためて問われるようになったといえる。

　他方、学校の教育課程を深く論じるようになればなるほど、硬直化してしま

うおそれもある。どうしても計画を綿密に立て、その計画通りになることを志向しがちだからである。しばしばPDCAという言葉が使われるが、日本の行政改革でのPDCAの使われ方をみてみると、Plan通りに進行したかCheckすることに注力がなされ、当初案の絶対化・肥大化につながりやすいとも指摘される[11]。コミュニティの多様な活動は、その創発性に面白みがあるはずである。「計画を立てなければ何もスタートできない」「計画外のことはできない」といった姿勢は創発性をつぶすことになりかねない。また、個々の活動が計画とずれたり、計画にない活動が生み出されたりしても、むしろそのことの意義を積極的にとらえるおおらかさが求められる。

　第二に、地域の多様性に応えるコミュニティ・スクール／スクール・コミュニティをいかにつくるかという課題がある。ジェンダー、文化・言語・宗教、国籍、社会階層、働き方、家族形態など、その多様性に意識を向けることが求められている。多様性というときには、特に、その声が聞き取られにくいマイノリティの権利保障に焦点が当てられる。まず、学校運営協議会内部の多様性の問題である。筆者は、ジェンダーの観点で学校運営協議会を分析したことがある。学校運営協議会に集まる委員は、年配の男性を中心とした地域の有力者が一定数を占め、特に学校運営協議会の長は8割以上が男性であることが明らかになっている[12]。特に工夫せず地縁団体や住民自治組織の長から選べば、男性委員に偏りがちなのが多くの地域の状況であろう。一方、その運営実務に関わる下働き（裏方作業など）は女性が担うことも多い。そのような姿は、子どもたちにとってジェンダー役割の「隠れたカリキュラム」（意図したり、明示したりするわけではないのに、子どもに学ばれてしまうこと）になりかねない。

　海外の研究では、学校運営協議会に類似した組織における人種的・階級的なバランスが問題となっている。日本の学校運営協議会のモデルの一つともいわれる英国の学校理事会では、マイノリティの割合は、実際の人口比より小さい傾向にあること――過少代表という――が明らかになっている[13]。マジョリティが形成した会議の文化のなかでマイノリティが発言の機会を逸しやすいことも指摘される。ミクロには、あいさつ、茶菓の提供などで話しやすい雰囲気

をつくる取り組みがなされ、マクロには、マイノリティ属性を顧慮した公正な委員選定が進むよう、全国的な調査が定期的に行われ、問題提起がなされている。同様の顧慮は、外国につながりのある人々との共生がますます重要な課題となってきている日本においても必要とされるだろう。

　学校運営協議会内部の問題は、それが導く活動や論調を通じて、関係する人々にも影響を与えうる。学校に集った人たちの「常識」を基準に活動やその方向性を決め、それに乗らない・乗れない人たちの声が後景に押しやられてはいけない。「コミュニティ」という語は、地縁関係に基づく安定性と一体性を含意することが多いが、例えば、「国際社会」を意味する英語がinternational communityであることからわかるように、特定の問題において共同的な関係を結ぶ、緩やかなネットワークを意味することもある。スクール・コミュニティ内部を一つの色に染め上げるというよりは、多様化・多元化の中で生じるさまざまな教育要求や、さまざまな教育資源を再組織する自己更新的な関わりが求められる。

　第三に考えたいのは、安価な労働力化との緊張感をもち、必要に応じてボトムアップのアクションを行うことである。「『連携』の名のもとに進められる保護者や住民のボランタリーな活動は、財政効率化というロジックのもとにおいて、学校の下請けへと転化し、安価な労働力として用いられる可能性を孕む」との指摘があるように [14]、市民社会の活性化を通じて財政削減を図る動きは世界的に観察され、日本も例外ではない。行政側にもボランティア側にもそのような意図はないということもあろうが、「ボランティアに任せて済んだ」という前例として、未来の関係者の要求を圧迫することもありうる。学校づくり、地域づくりでの条件整備に対して行政責任が適切に果たされるよう、場合によっては教委などに資源や裁量を要求することが求められる。学校運営協議会は、学校運営全般に関して、教委に意見を述べることができる。通学区域の安全に対する配慮、施設設備の問題、関係する職員の勤務状況（例：コーディネーターの勤務日数）など、教委を通じて自治体に対応を求めることもあってよい。

　第四に、子どもの参加を促し、地域での民主主義を耕すことである。地域学

校協働活動や学校運営協議会に関係する文部科学省発のモデル図には子どもは出てこないか、出てきても諸活動の対象として位置づけられることが多い。だが、子ども自身を「お客様」にすることはふさわしくなく、発達段階をふまえながら活動の担い手として活躍してもらうことが検討されてよい。総合学習などでは子どもが主体的に学習を構築していくことが期待されている。さまざまな活動についても、受け手から担い手になるよう促すことで、世代間を通じた循環が生じるだろう。

　同様に、学校運営協議会などの議論の場に子どもの参加を可能とし、子どもの意見表明を保障することも重要である。学校や地域のあり方は、子どもに直接・間接に関係する問題である。「自己の意見を形成する能力のある児童がその児童に影響を及ぼすすべての事項について自由に自己の意見を表明する権利を確保する。この場合において、児童の意見は、その児童の年齢及び成熟度に従って相応に考慮されるものとする」との子どもの権利条約第 12 条第 1 項を想起したい。子どもたちの意見がますます聞き取られるべき状況の中で、学校や地域の方向性を議論する場もまた、子どもの参加の拡充が望まれる対象であるといえる。むろん、発達段階や協議事項による違いはあるが、例えば生徒会の代表による提案を聴く機会を設けたり、学校運営協議会規則の中で生徒の意見を聴取できる旨を規定したりすることも可能である。こうした取り組みは、主権者教育や市民性の涵養<ruby>涵養<rt>かんよう</rt></ruby>に通じるものであり、地域から民主主義の土壌を耕すことにもなるだろう。

〔仲田 康一〕

《注・参考文献》

(1) また同じ 2008（平成 20）年に、放課後子ども教室が予算化され、放課後の居場所と学習機会を拡大するため、地域ボランティアの協力を受けた学校での体制づくりが進んだ。以後、家庭教育支援や、子どもの貧困に対応するための学習教室（地域未来塾）など、地域のボランタリーな活力を用いるための事業が予算化され、推進されている。

(2) 「新しい時代の教育や地方創生の実現に向けた学校と地域の連携・協働の在り方と今後の推進方策について」中央教育審議会答申第 186 号．p.16.

(3) 仲田康一『コミュニティ・スクールのポリティクス―学校運営協議会における保護者の

位置』勁草書房，2015 年．

(4) 広田照幸『教育改革のやめ方 ── 考える教師，頼れる行政のための視点』岩波書店，2019 年，p.151.

(5) 岩永定「分権改革下におけるコミュニティ・スクールの特徴の変容」『日本教育行政学会年報』第 37 巻，2011 年，pp.38-54.

(6) 佐藤晴雄『コミュニティ・スクール ──「地域とともにある学校づくり」の実現のために』エイデル研究所，2016 年．

(7) 地域における活動は、交通安全関係であれば警察庁、文化事業であれば文化庁、青少年健全育成であれば総務省など、その他の系列もあることに注意が必要である。地域ごとに棲み分けや連携がなされており、その均衡が破られると多少の混乱が起きることもある。

(8) 「『地方教育行政の組織及び運営に関する法律』（第 47 条の 5）条文解説」（https://www.mext.go.jp/a_menu/shotou/community/suishin/detail/1313081.htm）

(9) なお、地教行法第 47 条の 5 にたびたび出てくる「当該運営への必要な支援」と、「地域学校協働活動」は、活動的に重複する部分があるが、まったく同一というわけではない。

(10) この改正法の附則において、施行後 5 年を目途として、コミュニティ・スクールなどのあり方について見直しを行うこととされている。これを受け、検討を行っていた「コミュニティ・スクールの在り方等に関する検討会議」の最終報告（2022（令和 4）年 3 月）では、「教育委員会による導入計画の策定」「類似の仕組みからの段階的な移行」など、「すべての学校へのコミュニティ・スクールの導入を加速」するとともに、質的な向上策についても提案されている。

(11) 仲田康一「教育に PDCA サイクルは馴染むのか ── 初等中等教育政策における PDCA サイクル概念の意味と機能」『人間と教育』第 106 号，2020 年，pp.44-51.

(12) 2010（平成 22）年のデータでは、学校運営協議会委員の 67.0％、学校運営協議会の長の88.9％が男性である。仲田康一「学校運営協議会におけるジェンダーの諸相」『日本教育政策学会年報』第 18 号，2011 年，pp.166-180. この傾向は現在も大きくは変わっていない。他方、いわゆる「お手伝い」をする PTA は、会長は男性であることも多いが、実働は女性によって担われがちである。

(13) イングランドでは学校理事会やその類似組織が学校運営の基本的な権限を担っているが、その人種的自認は 94％が白人、黒人は 1％、アジア系は 2％、ミックスが 1％となっている。National governors' association, *School Governance 2020*, 2020. また、管理的で上位の職に就く者が一般的であるともされている。National governors' association, *School Governance 2019*, 2019.

(14) 武井哲郎「親や住民は学校との関係をどう取り結ぶか？ ── 学校支援ボランティアを事例として」『東京大学院教育学研究科教育行政学研究室論叢』第 29 号，2010 年，p.18.

《本章をふまえた探究的な課題》

【1】 図 3-1 をもとに、自分が知っている活動や、自分が在住・在学・在勤する地域で行われて
いる諸活動を四象限に分類してみたうえで、知っている活動が少ない象限で、ほかにどの
ようなことができるか（どのような活動がありうるか）を考えてみよう。

【2】 具体的な地域（自治体・地域・学校など）を取り上げ、そこで行われている地域学校協働
活動を調べてみよう。その際、活動の目的・理念、運営体制、具体的な活動事例、具体
的な工夫（組織運営やプログラムなど）、成果と課題などについて分析してみよう。なお、
成果と課題については、推進者に自覚されているものだけでなく、「このような成果（課
題）が潜在しているのではないか」といった仮説的分析もしてみよう。

《さらに学びを深めるために》

◎仲田康一『コミュニティ・スクールのポリティクス — 学校運営協議会における保護者の位
置』勁草書房，2015 年.

◎佐藤晴雄『コミュニティ・スクールの全貌 — 全国調査から実相と成果を探る』風間書房，
2018 年.

謝辞：本章の執筆にあたって、JSPS 科研費（課題番号：21K02248）の成果の一部を用いた。

第Ⅱ部　地域教育経営の課題と展開

第4章

地域教育経営としての学校統廃合
— 持続可能な学校教育・社会教育体制の実現 —

本章のポイント

　もしも母校がなくなるという話を耳にしたら、あなたはどんな思いを抱く
だろうか。本章では、少子化を背景に全国各地で進んでいる学校統廃合に焦
点を当てて、統廃合政策が進む構造と論理について考える。子どもの教育環
境はもとより、地域社会の未来像に影響を及ぼす点で、学校統廃合は地方教
育行政のなかでも難易度の高い政策の一つであり、考えるべきポイントは数
多い。

　さらに政策の動きだけでなく、統廃合計画の策定過程と実施後の地域の動
きについて、二つの事例を交えて学ぶ。事例を通して、地域教育経営の視点
から、少子高齢型の人口減少が進む日本で、持続可能な学校教育と社会教育
の体制を築いていくポイントについて考えてみたい。

キーワード

学校適正規模・適正配置　新たな学校づくり　協働　地区公民館

---

1. 地域社会の人口変動と学校教育への影響

　いま私たちの身の周りで当たり前のように存在する学校も、その沿革を遡
れば、地域の学び舎として創立された過去がある。歴史の長い学校のなかに
は、分離や統合などの再編を経て現在に至っている例もある。日本はすでに長

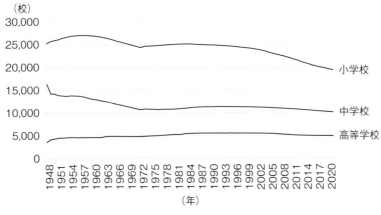

図4-1　全国における学校数の変化
出典：「学校基本調査」に基づき作成

期的な人口減少の局面に入っており、多くの地域が少子高齢化の傾向を示している。地域における子どもの数の減少は学校統廃合の動きに結びつき、図4-1の通り、特に1990年代以降に小学校を中心として学校数の減少が続いている。この図が示すのは、毎年、日本の各地で数多くの廃校が生じているという状況でもある。

　それぞれの自治体が学校をどのように配置していくかということは、地域教育経営の根幹に位置づく課題である。どの地域に生まれても身近な距離に学校があることは理想的に感じられるかもしれない。しかし、学校という教育システムは、学年や学級を構成して集団的に教育活動を行う機関である。少子化や過疎化によって地域の子どもの数が減少すれば、構成できる集団のサイズは小さくなる。そのなかで学校規模を維持し、学校あたりの児童・生徒数を確保するには、複数の学校同士を統合するなど、より広い範囲から子どもを集める必要が生じる。統合しないで一つの学校をただ維持し続けていると、集められる子どもの数が徐々に減り、学校は小規模化していく。つまり、地域社会の人口構造が変化するなかで、どのような規模の学校をどのように配置していくのが望ましいかという問いが生まれる。この問いに対しては、法令上の基準が定められながらも、自治体や地域によってさまざまな考え方があり、教育経営学の

領域では学校適正規模・学校適正配置というテーマで議論されてきた⁽¹⁾[1]。

　学校の統合や廃止の権限は、第一義的にその設置者が有する。市立の小・中学校であれば市が、県立の高等学校であれば県が統廃合の実施を決定する。議会制民主主義のもとでは、学校設置条例の改正を議会が可決すれば、制度上は学校統廃合に踏み切ることができる。しかし現実には、公立学校の場合、多くの自治体の教育委員会が、学校統廃合の計画検討にあたって市民や保護者に直接的な参加の機会を開いている。アンケートの実施、懇談会、公聴会、説明会の開催など、市民や保護者の意見を計画に反映させようとする動きがみられる。

　これに加えて、教育委員会が学校統廃合の計画を検討するうえで、附属機関として、教育の専門家や実務者、市民や保護者の代表などを委員とする審議会を設置する例も多い。学校適正規模・適正配置のあり方を教育長が審議会に諮問して、地域と学校の現状、各地の動向や将来の予測などをふまえて協議された結果を答申として受け取る。教育委員会は、答申を参考に計画を策定する。

　計画策定後も、実施方法の詳細について各地域で説明したり意見を得たりして、数年間かけて学校統廃合の実施に向かうケースが少なくない。地域の意見をふまえて、教育委員会の当初の案とは異なる形で統廃合の実施あるいは中止に至るケースもある。学校統廃合は、将来を担う子どもたちの教育条件としてはもちろん、地域社会の未来像にも関わることであり、地方教育行政のなかでも特に慎重で丁寧な計画形成が求められる政策であるといえる。

2. 学校統廃合の構造と論理

(1) 学校統廃合の仕組み

　ここでは学校統廃合の仕組みを詳しく整理していく。そもそも学校教育の仕組みは、子どもの数に依拠して設計されている。転校や私立校への進学などを考慮せず単純化すれば、ある地域で一年間に生まれた子どもの総数が、6年を経た新年度にその地域の小学校へ入学する児童数となる。学級編制は各学年の児童数に基づいて行われ、全校の学級数によって学校規模が表される。全校の

学級数は、教職員定数の算出基準として用いられており、各校の学校規模に応じて校長や教諭などの教職員が配置され、学校組織のありようが決まる。

　学校規模に関して、国は「公立義務教育諸学校の学級編制及び教職員定数の標準に関する法律」で全校12〜18学級を標準として定めている。小学校で学年あたり2〜3学級、中学校で4〜6学級が制度面からみた標準規模である。しかし法令では地域の実情に応じてこの限りでないとも規定しており、実際に全国的な状況をみると、小学校は全校6学級程度の小規模校も多い。とはいえ、小規模になると担任を持たない教員を配置しにくくなったり、中学校では教科ごとに教員を揃えにくくなったりする。他方、大規模になると専科の教員、主幹教諭、複数の副校長や教頭を配置できることもある。また、学校配置に関しては、通学距離について小学校4km、中学校6kmという上限を法令で定めている。超過する場合はスクールバスなどで通学の便宜を図る必要がある。その際も乗車時間の上限はおおむね片道1時間程度までとするよう国は通知している。

　長らく国は1学級あたりの児童・生徒数に上限を設けてきた。1959（昭和34）年に1学級あたり50人までと規定していた基準は段階的に引き下げられ、1980（昭和55）年から2021（令和3）年現在までの間、1学級あたり40名までとされた（ただし2011（平成23）年より小学校第1学年は35名まで）。他方、2学年を合わせたとき小学校で16人、中学校で8人を下回る場合は複式学級となる。複式学級は離島や山間地などの極小規模校にみられ、1名の教員が二つの学年を指導する。一部の都道府県や市町村は、40名より少ない人数の基準で学級編制を行ったり、教員を加配して複式学級を解消したりと、独自の取り組みを推進してきた。

　学級編制の基準に関しては、少子化が進むなかで約40年ぶりに法改正が行われ、2021（令和3）年度から小学校の上級学年にも35人学級を段階的に適用しはじめた。法改正の趣旨として「少人数学級とICT活用を両輪とした新時代の学び」を通した「個別最適な学びと協働的な学び」の実現が掲げられた。これにより、例えば学年の児童数が60名なら変わらず2学級編制であるが、学年36〜40名のときには従来1学級とされたのが今後2学級となり、18〜

20名ずつの少人数学級が実現する。また、学年120名のケースなら40名×3学級が30名×4学級となる。学年の人数次第であるため、結果論としての少人数学級ではあるが、36～40名という大所帯の学級の発生は防がれることになった。

　この点で歴史を遡れば、戦後間もない頃の第一次ベビーブーム世代をはじめ、日本では子どもの数が急増した時期もあった。しかし当時は、地方財政の悪化や教育予算の縮減も相まって、一つの教室に多数の児童・生徒を収容して教育活動を行おうとする「すし詰め学級」が問題となった。通常は学級ごとに普通教室が必要であるため、学校建築に際しては子どもの数を見据えた教室の設計と配置が求められる。しかし、建物はひとたび完成すると簡単には空間を変えられない。そのため、子どもの数の一時的な急増への対応が困難な時期もあった。その後、第二次ベビーブームの到来や大規模団地の開発をはじめ、増加する児童・生徒数に対応するべく、学校の新設ラッシュを迎えた自治体もあった。

　このような時代を経て、現在の日本は少子高齢型の人口減少の局面にある。学校施設をめぐる全国的な動向は、新設よりも廃止が目立つようになり、多くの自治体で校舎をめぐる主な課題は教室不足の解消から空き教室の活用へと置き替わった。地域ごとの子どもの数を長期的に推計し、各学校レベルで教育活動の未来像を考えていくとともに、自治体レベルで将来的な学校配置のありようを描いていくことが、地域教育経営における重要な課題になっている。

(2) 学校統廃合の政策上の変化

　学校統廃合を何のために実施するのか。この問いは、市民からも保護者からも鋭く問われる。これまで多くの卒業生を輩出し、歴史を積み重ねてきた学校は、地域において当たり前の存在となっている。そのなかで学校統廃合は、地域における学校の存在を問い直し、場合によってはこれまでの長い歴史に終止符を打つ。それゆえ、地域からの強い反発や利害の対立を招いてきた過去もある。

　ここでは学校統廃合の動きを三期に分けてみていく。戦後の学校統廃合を

めぐる第一の波は、1950 年代のいわゆる「昭和の大合併」の時期に始まった。全国の市町村数は、合併により 1961（昭和 36）年までに 3 分の 1 近くに減少した。この時期の文部省は、1956（昭和 31）年に「公立小・中学校の統合方策について」を都道府県教育委員会と知事宛に通知し、翌 1957（昭和 32）年に「学校統合の手びき」を公表するなど、町村合併を機運とした学校統廃合を推進した。各地で旧町村を越えた大規模な統合も進み、中学校を 1 校に集約したり分校を含む小規模な小学校をつぎつぎと廃止したり、学校統廃合の大きな動きが進んだ。しかし、子どもの教育問題と別の次元で進められる学校統廃合は、各地で住民運動の火種にもなった。統廃合は地域の核や住民の精神的支柱を失わせるものととらえられ、地域間の紛争が生じた事例や裁判に至った事例、父母たちが同盟して休校させた事例など、市町村史や研究論文にも数多くの記録が残る [2]。

　このような学校統廃合に反対する各地での激しい住民運動を受け止め、文部省は、1973（昭和 48）年に「公立小・中学校の統合について」と題する通達を発出し、地域間の紛争や通学上の著しい困難を招く無理な学校統廃合はしないよう、都道府県教育委員会を通じて周知した。

　第二の波は、平成の市町村合併期である。いわゆる「平成の大合併」で日本の市町村数はさらに半減したが、この時期に進んだ学校統廃合は、学校適正規模・適正配置の枠組みで議論され、子どもたちにより良い教育環境を整えるための政策という色合いを強めた。自治体が計画を策定する際、新たな学校づくりというキーワードを加え、学校をなくすという考え方ではなく、新しい学校を創るという視点が強くなった。計画の検討にあたってあらかじめ市民や保護者に参加の機会を開くようになり、クラス替えのできない状態や過度な小規模化の状況など、子どもたちの教育環境の現実に目を向けた議論が進んだ。地域のシンボルや精神的支柱を残すための学校存続という論調は比較的薄まり、学校統廃合の目的は子どもの教育条件の整備に焦点づけられた。文部科学省は 2015（平成 27）年、「公立小学校・中学校の適正規模・適正配置等に関する手引」を公表し、子どもたちの教育環境の状況をあらためて学校設置者である自治体の教育委員会に点検させて、地域の実情で統合できない場合は、小規模

校のデメリットの解消や緩和、メリットの最大化を図るように求めた。

　第三の時期は、令和の教育改革期であり、子どもの学びに根差しつつ、教育課程に踏み込んで学校統廃合の計画が検討される時代が幕を開けた。2016（平成 28）年に文部科学省が策定した「『次世代の学校・地域』創生プラン」をふまえて、関連する法律が改正され、学校運営協議会の設置や地域学校協働本部の仕組みの整備が進んだ（第 2・3 章参照）。このなかで学校統廃合は、子どもたちの対話的・協働的な学びを実現するための条件を整えるという文脈で進められるようになった。

　今後は、学校統廃合を実施することで、「社会に開かれた教育課程」を実現し、学校組織を「チームとしての学校」に強化し、地域学校協働を発展させられるかが問われることになる。対話的・協働的な学びを進めるための子どもの集団づくりとしてはもちろん、学校組織を効果的に動かしていく教職員の集団づくりとしても、学校統廃合の必要性を検討する視点が加わった。さらに、教育活動を地域とともに実現していくうえで、学校がどのような地域を対象として連携・協働関係を築いていくかも、学校統廃合の計画を検討する際の重要なポイントとなっている。既存の地域に亀裂を生むような学校統廃合をしてしまうと、その後、教育課程を地域に開くことも、地域との協働体制を築くことも困難となる。まずは地域と学校でどのような子どもを育てていきたいかを議論して共有したうえで、その先の具体的な手段として、学校統廃合という選択肢を含めた地域の教育条件整備が位置づけられる構図になったといえる。

3.　学校統廃合による教育環境づくり ― 東京都町田市を事例に ―

　ここからは学校統廃合の具体的な事例をみていく。一つめの事例として、東京都町田市で 2021（令和 3）年 5 月に策定された「町田市新たな学校づくり推進計画」をめぐる動きについて取り上げる。

　町田市は、多くの団地を抱える東京都のベッドタウンの一つで、神奈川県と隣接する交通至便な地域である。高度経済成長期の大規模団地開発により人口は急増し、2022（令和 4）年 4 月現在、市の人口は約 43 万人である。しかし

この人口も、推計上はほぼピークを迎えて、緩やかな減少傾向へ転換した。

　市内には現在、市立小学校42校、市立中学校20校がある。団地の開発とともに建設された学校が多く、2024年以降になると築60年を超える学校が続出する見込みである。一方、多くの地域で児童・生徒数の減少が進み、そのままでは多くの学校が次第に規模を縮小していくなかで、莫大な費用をかけて市内すべての学校を建て替えたり改修したりして現行の学校配置を維持し続けるべきかどうか、地方教育行政上の重要な検討事項になっていたと考えられる。

　そこで町田市教育委員会は、2019（令和元）年8月、町田市立学校適正規模・適正配置等審議会を設置して、市立学校の適正規模・適正配置の基本的な考え方について諮問した。計6回の審議会を経て、2020（令和2）年4月に行われた答申は、望ましい学校規模を学年あたり小学校3〜4学級、中学校4〜6学級とし、学校配置に関しては片道の通学時間の許容範囲をおおむね30分程度まで、通学距離を徒歩でおおむね2km程度までとした。前節で述べた国の基準からすると、望ましい規模を小学校で大きめに設定する一方、配置については児童・生徒の通学負担をより少なくしようとする方針で上限が示された。

　その後、2020（令和2）年5月からの第二期町田市立学校適正規模・適正配置等審議会は、名称を「まちだの新たな学校づくり審議会」とし、通学区域と学校施設に関する各部会を設けて、計13回の審議会と計12回の部会での議論を積み重ねた。2021（令和3）年4月にまとまった答申では、通学区域の具体的な組み合わせや統合先の学校候補地が示され、優先して着手する順序も示された。2040年度には、小学校26校、中学校15校にまで統合を進める案である。

　このような答申をふまえて、町田市教育委員会は「町田市新たな学校づくり推進計画」を策定した。「まちだの新たな学校づくり ― Machida New School Project 2040」をテーマに掲げて、策定から約20年先となる2040年度における町田市の新たな通学区域と学校の姿を提起した。計画策定に至る過程について、市ホームページに公開された議事録と議事資料をみていくと、次の二点が特筆される[3]。

　第一に、学校統廃合の可能性を包み隠さず、初めから一つの選択肢として審

議した点である。少し時代が前となる平成の合併期に他の自治体で進められた
学校統廃合では、市民との対立を回避するべく、行政側が学校統廃合という文
言をあえて表に出さず、教育環境づくりや新たな学校づくりなどの枠組みで議
論を進める動きもみられた。これに対して、令和初期にはじまる町田市での学
校統廃合の計画検討では、校舎の建て替えに大きなコストが生じる点も含め
て、検討に関わるデータを最初から議論の俎上に載せ、学校統廃合も一つの
方法であることを予め詳らかにした。そのうえで、学校統廃合は目的ではな
く一つの手段であると確認しつつ、あくまでも子どもたちの教育のために議論
する姿勢を貫いていた。そのため、審議過程において一部の団体から特定の学
校を「廃校にしないでほしい」という要望書が届いた際も、子どもたちのため
により良い教育環境を作りたいという点で目的が一致していることを確認し、
それを実現する具体的な方法について議論を続けた。

　第二に、審議会が町田市における望ましい学校規模・配置を検討するにあ
たって、保護者、教員、市民に対して大がかりなアンケート調査を実施した点
である。小規模校と大規模校の双方のメリットやデメリット、通学時間の許容
範囲や必要な配慮をはじめ、学校と地域の実情に関する情報が広く収集され、
審議に生かされた。特に学校規模については教員の視点が加わり、どの規模で
学校運営上の課題やデメリットが大きくなるかについても実情や意見が寄せら

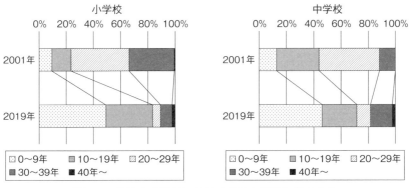

図4-2　町田市立学校における教員の経験年数の変化
出典：町田市教育委員会教育総務課・指導課提供データに基づき作成

れた⁽⁴⁾。実際に町田市では、図 4-2 のとおり、経験年数の短い教員の割合が
高くなっている。校務分掌を効率的にし、担任間で支え合える学年団を形成す
るうえで、学校規模は重要な条件である。子どもの学習集団づくりという視点
はもちろん、「チームとしての学校」の観点を加えて、教職員の組織体制の次
元に踏み込んで望ましい学校規模が検討された点は注目に値する。子どもたち
が安心して学びに打ち込めるよう、教員にとって働きやすい環境を整えること
も地域教育経営の重要な課題である。さらに、学校施設の設計にあたっては、
教室内外の困りごとについても、教員、保護者、地域住民から意見を集めて、
「ともに学び、ともに育つ学び舎づくり」をコンセプトに、以下のような具体
的な事項を「町田市立学校施設機能別整備方針」として策定するに至った。

　まず、普通教室については、教室の面積を拡大するとともに、収納スペース
の充実や大型映写装置の設置とその投影面を兼ねたホワイトボードを採用する
計画である。小学校では学年ごとに活動しやすいオープンスペースも含めて
教室面積を従来の 1.7 倍（64㎡ → 110.5㎡）とした。中学校でも 1.2 倍（64㎡
→ 80㎡）に拡大する方針である。GIGA スクール構想によって児童・生徒に
一人一台のタブレット端末が配備され、教科書と端末を使うのに机上が手狭と
なるなか、普通教室の面積の拡大は、将来的な什器の変更に対応しやすい。教
室空間に余裕があれば机の配置を自在に変えやすく、協働的な学びを展開する
条件が整えられる。

　次に、学校図書館をラーニングセンターとして位置づけ、図書をはじめとす
る多様なメディアを用いた学習の環境を整える計画である。遮音と間仕切りを
したラーニングルームを設けて、他のクラスが授業で使っている際も調べ学習
に訪れられるようにする。加えて、放課後に地域への開放もしやすい構造とす
る。

　さらに、学校と地域が協働する拠点としてコミュニティルームを設けること
としている。学校の教育活動が教員だけでなく保護者や地域住民によって支え
られている現状をふまえて、地域と学校の協働を推進する際の活動拠点とし
て、コミュニティ・スクールの会議などでも使用することが想定されている。

　以上の通り、町田市では、未来の子どもたちの視点に立って、20 年先を見

据えた未来志向で学校のあり方が議論された。これまでであれば、入学する児童・生徒や赴任する教職員にとって、学校はすでにあるものととらえられ、その教育環境は所与のものとして受け止められがちであった。しかし、20年先の未来までを射程に入れて、児童・生徒の数や分布を分析しながら社会と学校の変化を予測することにより、将来的にどのような子どもを育ててどのような地域をつくりたいのか、そのためにどのような学校が必要なのかという発想で計画が練り上げられた。今後それぞれの地区の保護者や地域住民との協議が進められるなかで、市として策定した計画がどのように受け止められて進んでいくのか、その動向に注目していくことが重要である。

4. 学校統廃合を契機とした地域づくり ― 秋田県横手市を事例に ―

　二つめの事例として、秋田県横手市における学校統廃合と公民館の動きについて取り上げる [5]。横手市は、2005（平成17）年に1市5町2村で合併し、現在は面積700 ㎢ 弱の広大な市である。平成の合併前から小・中学校の統廃合を進めてきた地域も存在し、1998（平成10）年時点では合併前の旧8市町村であわせて小学校33校と中学校12校があったが、2018（平成30）年時点では小学校17校と中学校7校にまで統廃合が進んだ。この20年間で実に4割を超える学校が廃校になったことになる。

　なかでも雄物川地域は、横手市との合併前後を通して学校統廃合が大きく進んだエリアである。旧・雄物川町を範域とする地域で、人口9,130、世帯数3,051、高齢化率36.2％であった（2015（平成27）年10月時点）。雄物川地域では、中学校が隣村の旧・大森村や旧・大雄村とで1校に統合され、小学校については旧町内での統合が順次進められてきた。旧町時代から検討されていた学校統廃合の計画は、2009（平成21）年に横手市教育委員会が策定した「横手市学校統合計画」に盛り込まれた。同計画は、子どもの教育面と学校運営面から、横手市としての「理想的な学校規模」について、国の法令基準である全校12 〜 18学級を適用するとした。市内で実施する具体的な統廃合計画を7件あげて、雄物川地域では2015（平成27）年に小学校を1校へ統合するとい

う計画を示した。

　旧・雄物川町は、昭和の町村合併前の旧町村を基盤とした五つの地区から成り立っている。それぞれの地区には小学校と公民館が設置されていた。1998（平成 10）年時点では里見地区のみ里見小と雄南小の 2 校を置いていたが、他の 4 地区は小学校が 1 校ずつであった。同年度の全校児童数は、沼館小 281名、福地小 127 名、館合小 73 名、里見小 90 名、雄南小 46 名、大沢小 78 名であった。

　まず、1999（平成 11）年に里見地区で里見小と雄南小の統合が実施された。小規模化が進んでいた雄南小を里見小の校地・校舎で統合し、校名を雄物川町立南小学校とした。続く 2000（平成 12）年には沼館小と館合小が沼館小の校地・校舎を用いる形で統合され、雄物川町立雄物川北小学校として開校した。その後、合併によって横手市となり、複式学級を抱えていた大沢小が 2008（平成 20）年に福地小へ編入する形で閉校した。以上の段階を経て、福地小、雄物川北小、南小の 3 校体制になった。さらに 2009（平成 21）年に策定された「横手市学校統合計画」は、これら 3 校を新築 1 校に統合する案を示した。保護者や住民と協議が進められ、沼館地区内の旧・雄物川中学校の跡地に新築で小学校校舎を建設し、2015（平成 27）年、横手市立雄物川小学校が開校した。開校年度の全校児童数は 421 名となり、スクールバスを 6 路線（冬期 8 路線）運行して、雄物川地域全体から児童が通学している。

　学校を統合した一方で、雄物川地域の 5 地区には社会教育法に基づく公民館がそれぞれ設置されている。沼館公民館、福地公民館、館合公民館、里見公民館、大沢公民館である。地区ごとの配置は小学校の統廃合が実施されて以降も変わりない。ここで注目したいのは、各公民館が学校統廃合の実施後に新規の公民館事業を開始したり地域活動を拡大したりした点である。例えば里見公民館はグラウンドゴルフを新規事業として実施し、福地公民館は小学校の廃止後に保育園との交流を増やした。また、館合地区で長年取り組まれてきた「館合太鼓」は、以前は館合小を拠点に活動していたが、統合先の学校に活動を引き継ぐことができなかった。そこで「館合太鼓」の取り組みを館合公民館で再開し、公民館が練習などの活動拠点になった。大沢地区では地域行事として一

度は廃止されたどんど焼きやしめ縄づくりを復活させて、運営を公民館が支えている。

　以上の動きの背景に、学校統廃合の実施と同時期に市が着手した公民館の制度改革があげられる。具体的には 2015（平成 27）年度から地区公民館の交流センター化を順次進めた。以前の公民館は事業を独自に企画することが少なく、施設の貸し出しのみを行うような状況の館も見受けられた。そうした状況を打開するべく、公民館を交流センターとの「二枚看板」にして、生涯学習単独ではなく、地域づくりや地域自主活動を重ね、地区で新たな事業を展開しやすくした。公民館が地域の拠点としての役割を再び果たせるようにしていくための改革が進められた。

　雄物川地域では同年度以降、五つの地区公民館にそれぞれ館長（センター長）のほか事業運営を担う職員の配置が進められた。さらに、各館に対して年間 50 〜 60 万円の事業費が措置された。職員の配置によって地区公民館を常時開館し、各館が予算に基づいて事業を主体的に企画し展開できるようになった。

　横手市がこの政策を推進しはじめた時は、公民館をいずれ交流センターへ移管することが想定されていた。実際に 2015（平成 27）年度より一時、公民館を管轄していた生涯学習課は教育委員会事務局から首長部局のもとの部署に改組された。しかしその後、政策の修正が図られ、図 4-3 に示す通り、交流センターへの移管はせず、当面の間、社会教育法に基づく公民館の体制を維持し

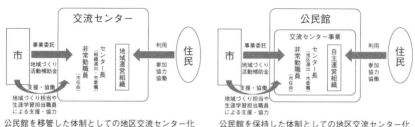

公民館を移管した体制としての地区交流センター化
（当初のスキーム）

公民館を保持した体制としての地区交流センター化
（新たなスキーム）

図 4-3　横手市における公民館の位置づけの変化
出典：横手市教育委員会生涯学習課提供

つつ、準備が整った地区の公民館から順次、交流センター化を進めていくこととし、公民館の枠組みの中で、交流センター事業を実施する形態をとることになった。停滞していた公民館の事業や地域活動が動きはじめ、社会教育体制のもとでも地域づくりや地域自主活動の支援ができると考えられた。そのなかで一時は首長部局へ移管されていた生涯学習課が、2019（平成31）年度から教育委員会事務局に再度移管されて戻ってきた。

　少子高齢化が進むなか、学校教育も社会教育もその持続可能性が問われている。横手市では、学校統廃合による学校教育体制の再編と公民館改革による社会教育体制の再生が同時期に生じた。両者の連動は政策上意識されていたわけではなかったが、統廃合によって地区から学校教育の場が消えても、公民館の機能を強化して社会教育の場を充実させるという方策は、少子高齢化の動きに適応しながら地域教育空間を持続させていくアイディアの一つといえる。

5.　地域教育経営としての学校統廃合

　かつて激しい住民運動があったように、学校統廃合をめぐる議論は、ややもすれば学校をなくすか残すかに焦点化されがちである。住民運動も一枚岩でないとはいえ、対立的な図式や対抗的な動きに陥ることも少なくない。しかし地域教育経営の視点からとらえてみると、学校統廃合は単なる学校の存廃に関する問題ではなく、教育活動と教育機関のありようを長期的かつ総合的に構想し、人々が学び続けられるための条件整備を、地域とともに計画していく教育行政の政策過程であるといえる。

　少子化や過疎化が進むなかで、私たちは未来に何を残そうとしているのか。教育環境や教育条件の中身を問わずに、学校という機関や施設の形さえ残せばよいのではあるまい。学校統廃合の過程では、現在そして未来における地域と学校の状況や課題を把握しつつ、既存の学校を自明視せずに、持続可能な教育環境や教育体制のあり方を描いていこうとすることが重要になるだろう。

〔丹間　康仁〕

《注・参考文献》
(1) 丹間康仁「適正規模・適正配置を見越した教育経営と地域協働の課題」日本教育経営学会編『現代の教育課題と教育経営』（講座 現代の教育経営 2）学文社, 2018 年, pp.135-146.
(2) 若林敬子『学校統廃合の社会学的研究』御茶の水書房, 1999 年.
(3) 町田市ホームページ「まちだの新たな学校づくり審議会等」(https://www.city.machida.tokyo.jp/kodomo/kyoiku/keikakutou/kibohaiti/gakkodukuri-plan/shingikai/index.html)。なお、本審議会の委員には筆者が含まれる。
(4) まちだの新たな学校づくり審議会『まちだの新たな学校づくりに関するアンケート調査報告書①〜③』2020 年.
(5) 本節は、丹間康仁「学校統廃合に伴う地域教育体制の変容 — 秋田県における公民館調査を通して」屋敷和佳編『戦後日本の学校建築をめぐる伝統と革新に関する研究（科学研究費補助金研究成果報告書)』2020 年, pp.35-48 の内容に基づく。

《本章をふまえた探究的な課題》

【1】あなたの出身校など、いくつかの学校について、児童・生徒数が近年どのように変化しているか調べてみよう。あわせて将来の年少人口の推計に関する情報を集めてみよう。

【2】学校適正規模・適正配置や新たな学校づくりについて検討を進めている自治体を探してみよう。その自治体のホームページに掲載されている審議会などの議事録を読んで、論点を探ってみよう。現在進行中の事例があれば、審議会の傍聴に行ってみよう。

《さらに学びを深めるために》
◎日本教育経営学会編『現代の教育課題と教育経営』（講座 現代の教育経営 2）学文社, 2018 年.
◎丹間康仁『学習と協働 — 学校統廃合をめぐる住民・行政関係の過程』東洋館出版社, 2015 年.

第5章

地域教育経営を通した地域文化の創造と継承

本章のポイント

　本章では、地域教育経営の文脈から学校と地域との協働による地域文化活動の諸相について明らかにする。まず、地域文化を取り巻く現状について整理し、これをふまえて地域文化の創造と継承に向けた学校の取り組みの実際と、文化振興に関する行政や民間組織の支援の例について説明する。いくつかの例を通してみていくことにより地域文化の多様性についての理解を深める。

キーワード
地域文化　アート　コミュニティ・スクール　地域人材育成　外部人材活用

---

1. 地域文化を取り巻く現状

(1) 地域コミュニティにおける文化活動の展開

　地域教育経営の文脈において地域文化活動の存在は必ずしも大きく注目はされてこなかった。それは人口減少や生活基盤の揺らぎというような速やかに解決が迫られている地域課題とは異なり、「刺身のつま」のようにとらえられてきた。実際に、衣食住といった生活基盤に関することと比較して、芸術文化や伝統文化は二次的なものとして余暇や生活の潤いなどと結び付けられて考えられがちであった。しかし、よく考えてみると、文化や芸術は広義では、人々の

あらゆる精神活動に関わるさまざまな形での表現活動ということになる。ここには伝統芸能や歌唱や絵画、身体表現、映像作品などといった芸術表現に関わることから、食文化やライフスタイルといった生活に関わることまで多岐にわたるジャンルが含まれてくる。このように地域コミュニティのさまざまな場で展開されている地域文化活動に目を向けることで、地域での生活をより深く理解することができるだろう。

　地域文化活動が行われる場の一つに社会教育施設がある。例えば、2018（平成 30）年度の社会教育調査（文部科学省）をみると、公民館で開かれた学級・講座の学習内容では「教養の向上」の割合が最も高く（38.4％）、そのうち「趣味・けいこごと」が83.3％を占める[1]。ここには、例えば茶道や華道などの伝統文化に関わるけいこごとから、陶芸、絵画、合唱などの表現活動、料理や語学などといった生活文化、異文化理解に関わる内容も含まれる。ダンスや体操、ヨガなど運動に関わる内容も少なくない。これらの学習内容は、生業と異なる文脈でとらえられることが多いわけだが、余暇や生活の潤い、ひいては自己表現を通じた人格形成と分かちがたく結びつけられてきたからこその魅力があるので学級・講座開設の要求も高いといえる。

　社会教育施設にとどまらず、地域コミュニティのさまざまな場でも地域文化活動は展開されてきた。しかし、近年では地域コミュニティの基盤が脆弱化するなかで地域固有の文化を継承することが難しくなってきており、地域でこの問題にどう向き合うかが課題になっている。同時に、芸術文化活動を生業とするアーティストの社会貢献や、芸術文化の公共性についての議論の高まりを背景として、芸術文化と地域との接点に注目したアートプロジェクトが公的資金や民間資金を投入する形で展開されている。本章の文脈に即していえば、例えば「大地の芸術祭」（新潟県）のように、作品性やアーティスト性を追求するだけではなく、アートを通じたまちづくりや地域課題の解決を目指したアートプロジェクトにも注目が集まっている。

　このように、地域における文化活動は主に学校外の活動として展開されてきたのであるが、近年、政策的に学校と地域との協働が進められ、行政や民間組織の役割も注目されるなかで新たな動きもみられるようになった。地域教育経

営の文脈からは、学校と地域との協働や、行政や民間組織による支援によって変化しつつある地域文化活動の諸相について注目することが必要である。

(2) 学校教育と文化活動

　ここで、学校教育と地域文化活動の関わりについて考えてみたい。学校での総合的な学習の時間やクラブ活動で、地域の方とともに趣味やけいこごとなどの文化活動に取り組んだ記憶のある人も多いだろう。地域で活躍している文化人がゲストティーチャーとなって授業の一環として体験学習の指導を行ったり、クラブ活動の指導を行ったりする例は少なくない。さらに、学校での文化活動を支える仕組みとして、第3章で述べられたように地域学校協働本部またはコミュニティ・スクールが重要な役割を担いつつある。地域と学校が連携・協働した取り組みの事例では、地域の伝承太鼓を習う、地域の伝統産業の職人に話を聞く、地域の自然資源について調査するというような地域固有の文化にふれることができる活動などがみられる[2]。地域学校協働本部またはコミュニティ・スクールはこのような活動を進めるうえでの重要な基礎となっている。

　教育課程内での学習のほかに、教育課程外での部活動についても学校と地域とのさらなる関係構築の必要性が高まっている。2019（平成31）年の文部科学省の中央教育審議会答申「新しい時代の教育に向けた持続可能な学校指導・運営体制の構築のための学校における働き方改革に関する総合的な方策について」では、学校の働き方改革に伴って部活動を学校単位から地域単位の取り組みにすることが示された。これを受けて、2020（令和2）年にスポーツ庁・文化庁・文部科学省により「学校の働き方改革を踏まえた部活動改革について」が示され、「学校と地域が協働・融合」した部活動の実現方策とスケジュールの取りまとめが行われた。これに従って休日における地域でのスポーツ・文化活動の実施環境の整備が進むことになれば、これまで以上に学校と地域との協力が必要となる。例えば、中学校の吹奏楽部での休日練習を、保護者と地域の指導者が主催するクラブの活動として社会教育施設で行うというケースもある。このような方法をとることにより、生徒は経験豊富な地域の指導者たちか

ら直接指導を受けることができるし、社会教育とのつながりを通して地域行事での演奏依頼などが来ることもあるだろう。生徒たちの日々の頑張りが地域社会から認められることにもつながっていく。

　もともと郷土芸能部のような部活動では地域との密接な関係があったが、そうでなくとも学校と地域との協働のなかで適切な指導のもと行われる部活動は子どもの文化的な経験を豊かにする可能性をもっている。一方的な関係性ではなく、学校と地域との両者が協働して多様で自主的な部活動を保障することにより、子どもたちの豊かな発達につながっていくことが期待される。

2.　地域文化の創造と継承に向けた学校の取り組み

(1) 地域文化の創造に関わる学校の取り組み

　この節では、長野県大町市美麻小中学校におけるコミュニティ・スクールの取り組みを取り上げる。美麻地区は大町市の北東部に位置し、人口は 861 人（2021（令和 3）年 11 月時点）である。地区内にある美麻小中学校は 2011（平成 23）年から小中一貫教育の義務教育学校として運営されている。山村留学制度や小規模特認校制度を活用した旧市街地や他府県からの児童・生徒の受け入れも行っている。児童・生徒と地域住民がともに学ぶ「学社融合」を推進するなかで、2014（平成 26）年から、コミュニティ・スクール（学校運営協議会制度）の指定を受けて、美麻小中学校に「美麻学校運営協議会」が設置された。学校運営協議会は校長、PTA 代表、公民館代表、地域学校協働コーディネーター、有識者、校長が必要と認めた者、各支援部長、公募委員の 15 名以内からなる。さらに、「美麻スクールパートナーズ」という名称の地域学校協働本部も設置されている。学校には地域連携推進を担当する教員がおり、地域学校協働コーディネーターと推進担当教員とが、学校運営協議会とスクールパートナーズの間に立って連携を進めている。加えて PTA も学校運営協議会およびスクールパートナーズに組み込む形で組織的に関わることになっている。

　スクールパートナーズには、学習部と地域部の二つの部が設けられている。

学習部は教科学習、美麻市民科（総合的な学習の時間）、姉妹都市との交流事業に関わる学習協働活動、部活動、放課後の学習などの企画実施を行い、地域部は公民館や自治会と連携して合同運動会や文化祭の行事の実施、児童・生徒の生活習慣形成と健康安全に関わる指導、遠足、環境整備、広報、講演会の開催などを行う [3]。このようにスクールパートナーズの活動は多岐にわたり、これを通して地域の多様な大人が学校で児童・生徒とともに活動することにつながっている。遠足の際には児童たちよりも多くの大人が参加したこともあった。学校にとって安全面での安心感も大きく、参加した大人も地域を知るきっかけになったり、児童たちとコミュニケーションを取る機会になったりしている。

　この学校では、2年生までの生活科と、それに接続する形での3年生から9年生までの総合的な学習の時間の「美麻市民科」が設けられており、地域との連携のなかで、学年ごとに特徴的な取り組みが進められている。9年間の学習の総まとめの時期には「花MAME株式会社」や「美麻かるた」が位置づけられている。株式会社では、地域の農家が育てた花豆を特産品にし、地域を活性化させるための事業として商品開発やその広報などに取り組んできた。協賛金や助成金などを得て企業とのコラボレーションで商品開発を行い、近くの観光地で販売したり、アンテナショップでPRをしたりと、本格的な活動をしている。市の助成金を得るためのプレゼンテーションを市役所で行ったり、プロのデザイナーから印刷媒体へのコメントをもらったりするなど、中学生にとっては負荷が軽くない場面も経験するが、それによって社会で働く大人を目の当たりにすることができる。かるたの制作でも、地域の人に尋ねて地域の遺産や文化についてまとめ、専門家のアドバイスを得ながらかるたの句や絵札づくりを進めてきた。このような地域のさまざまな人と学校とが関わりながら進める取り組みは現代的な地域文化の創造の一つの形態といえる。

(2) 地域文化の継承に関わる学校の取り組み

　地域コミュニティの課題として、少子高齢化などにより地域文化の継承が難しくなったという話は各地でよく聞かれる。これに対して、学校と地域との協

働のなかで解決の糸口をみつけていくことは容易ではない。この道筋をつける
ためには、学校から地域に教育活動への協力を依頼するという一方的な関係で
はなく、地域が抱える課題について学校もともに向き合うという双方向的な関
係の構築が必要となってくる。具体例として、前項に引き続いて長野県大町市
美麻地区の活動について、今度は地域文化の継承という観点からみていく。

　美麻地区において条例に基づいて設置され、地域住民の意見や要望をとりま
とめる役割を担っているのが、美麻地域づくり委員会である[4]。この委員会が
2020（令和2）年に作成した「美麻地区振興計画」[5]では、地域の伝統文化に
かかる課題として、①郷土芸能や行事の継続や伝承が困難な地域が増加してい
ること、②高齢化などにより史跡の維持管理が困難な地区が増加しているこ
と、③行事への参加負担から自治会を抜けたい人が増加していることの三つを
あげている。これらの問題に対して、美麻小中学校の総合的な学習の時間「美
麻市民科」などを通じて伝統文化を継承する機会を確保するという対策を講じ
るとした。具体的には、地名の由来でもある麻の文化を継承する活動や山菜取
り、郷土料理作りなどが授業に組み込まれている。このような取り組みは、地
域固有の文化をどのようにして受け継いでいくのかという問いへの一つの解で
あるといえる。ライフスタイルの変化により、地域コミュニティや家庭のなか
だけで継承が困難となった地域固有の文化について、学校の教師が教育の専門
家という立場から教材としての価値づけをすることによって児童・生徒が親し
みをもちやすくなり、同時に地域の人々もその価値を再発見するきっかけにな
る。

　地域文化の継承ということに関して、美麻地区には30年以上続く太鼓グ
ループもある。かつては担い手不足という状況であったが、近年では学校に通
う児童・生徒が参加して団体を支えるようになった。グループには小規模特認
校の制度により旧市街地から通学している子どもや、移住した家族の子どもな
ども所属している。長年活動してきた大人はこの動きを歓迎している。地域や
学校行事で演奏を披露したり、大会に挑戦したりすることを通して子どもたち
の一つの表現の場となっている。この他にも、移住者と地元自治会との協力関
係のもとに、地域で受け継がれなくなってしまった獅子舞やお囃子を復活させ

るといった活動も生まれている。

　このような地域独特の伝統文化が地域の人々の豊かな表現の場となってきた背景を理解し、さまざまな場を通して文化活動に熱意をもって取り組もうとする子どもたちやそれに関わる大人を励ましてくれる、周辺的な参加者としての学校の存在は今後さらに注目されていくことになるだろう。

3.　文化振興に関する行政や民間組織の支援

　ここまで地域文化の創造と継承に関する学校の取り組みを中心にみてきたが、それらの支援において行政や企業、民間組織が果たす役割も非常に大きいことを理解しておく必要がある。さまざまな人々が身近な場で気兼ねなく文化活動に取り組むことができるよう公民館などの環境整備がなされてきたことはいうにおよばない。1970年代以降、自治体文化行政への注目が集まるようになり、各地で文化のまちづくりの取り組みもみられるようになった。1980年代から1990年代を中心として文化ホールなどの公共施設の建設が進んだ一方で、運営面での充実も課題化されてきた。1990年代以降は各地で地域課題にフォーカスしたアートプロジェクトも取り組まれるようになり、メディアやSNSを賑わせることも増えた。行政だけでなく、NPOなどの中間支援組織や企業、そして地域住民などのさまざまな主体がどのような協働関係をつくり、どのようにして地域文化を豊かなものにしていくかが問われている。文化活動は生活のアクセサリーではなく、さまざまな活動の軸となりうる可能性をもっている。

　ここで、民間組織や行政を中心にした取り組みを紹介したい。まず、公益財団法人八十二文化財団による「地域の文化継承活動」助成事業を取り上げる。八十二文化財団は、1985（昭和60）年に財団法人として設立され、2011（平成23）年から公益財団法人に移行した。財団の運営は、八十二銀行からの寄付と、個人・法人会員による「友の会」の会費によってまかなわれている。この財団は、文化事業、調査研究、各種助成、出版などの事業を通して長野県の芸術文化の振興に寄与している。このうち、「地域の文化継承活動」助成事業[6]

では、県内小中学校と地域内の個人および団体が協働して、子どもたちに地域の文化継承活動を行うことへの助成を行っている。2021（令和 3）年度の助成内容には能楽、獅子舞、太鼓、子ども歌舞伎、昔話、伝統工芸、菊栽培、里山保全、桜並木の整備などがある。学校では学年単位やクラス単位、あるいはクラブでの取り組みがなされており、そのほかに希望者を募って行う方式のものもある。

　「地域の文化継承活動」事業のなかには、地域の町会と連携した市民グループが助成先となっている事例もある。例として、寿小池町会の「子ども広場」について述べる。これは長野県松本市の南に位置する寿地区のなかにある自治公民館を使って開催される、こども食堂と学習支援とが一体化した取り組みである。毎月 1 回、自治公民館で地域の協力者と大学生による学習支援と地域の文化体験や生活体験を行い、その後昼食を取る。畑の植え付けから作物を収穫するまでが一年間のスケジュールに組み込まれ、夏には地区内のホタル観察、農閑期にあたる冬季には焼き芋大会や正月飾りの準備、三九郎と呼ばれる小正月の行事が行われている。地域の大人たちが幼少期から親しんできた生活文化について、年間を通して体験することができるようになっている。

　「子ども広場」の財政基盤をみると、八十二文化財団からの助成金は学習支援や生活体験などに必要な備品の購入などに使われている。一方、こども食堂部分の経費については、松本市からの補助金や企業などからの寄附金を活用している。こういった補助金や助成金の情報などを共有するネットワークが整備されていることも重要である。このような地縁型組織と連携した市民グループの取り組みは行政や各種団体などの支援の受け皿となりうる可能性を示唆している。地域コミュニティだけでは、地域の伝統文化の継承が困難になっている現状において、行政や民間組織の支援を活用することが不可欠となるだろう。

　このように地域の文化活動に対する支援の枠組みが重層化しているなかで、都道府県レベル、あるいは政令指定都市レベルでのアーツカウンシルの体制づくりにも注目が集まっている。アーツカウンシルは文化芸術活動の中間支援を行う組織で、文化芸術活動に造詣の深い専門家が相談や公金による助成の審査などを行うものである。英国で始まった取り組みであるが、2016（平成 28）

年からの文化庁の後押しもあり、近年日本各地で発足している。2022（令和4）年時点で15の都府県および政令市がアーツカウンシル・ネットワーク[7]に登録している。

　長野県でもアーツカウンシルの体制づくりを進めており、すでに県文化芸術振興計画に基づいた文化芸術活動推進支援事業が実施されている[8]。募集要項の対象とされる活動には、「長野県の自然や文化財を活用し、芸術活動と県の魅力発信が結びつく取組」「地域の空き家等の資源を活用した新しい発想のアートイベントを開催し、地域住民の参画の定着、地域への移住の促進などに結び付ける取組」「地域のアートイベントの開催をきっかけに、若者をはじめとする担い手の参画を進め、地域の伝統文化の継承に取り組むもの」などがあげられている。2021（令和3）年度の補助金交付事業には、高校演劇部の生徒および教員と協働し、プロの振付師でもあるダンサーの講師とともにワークショップ型の創作活動を実施する取り組みなどが採択されている。

　アートと地域課題の解決を直接的に結びつけることには限界がある。しかし、アートを通じてこれまでに関わることがなかった人同士が関わるようになったり、新たな取り組みが生まれたりするような化学反応が起き、地域課題の解決に結びついていくこともある。これを支える仕組みづくりにおいて行政や企業、民間組織が果たす役割は今後さらに大きくなっていくだろう。

4.　地域文化と多様性

　本章では地域教育経営の文脈から、学校と地域との協働や、行政と民間組織の支援を中心とした地域文化活動の広がりについてみてきた。子どもたちが地域文化活動のさまざまな経験をすることは地域のなかの「ちょっと変わった大人たち」と出会うことにつながる。そういった場が存在することで生きづらさを感じている子どもが前向きな気持ちになれるということもあるし、関わっている大人がやりがいや自己効力感を感じられるということもある。

　地域文化の多様性は、人々の多様性と等価のものである。多様な人々が暮らす地域においてあらゆる興味関心や活動を保障すること、すなわち地域文化の

創造と継承を保障していくことは、多様な人々の一人ひとりを大切にすることにほかならない。地域教育経営という観点から地域文化の創造および継承について考え取り組むことが、今を生きる私たちと未来を生きる子どもたちの暮らしをより豊かにしていく。刺身のつまのように、「なくてもよい」のではなく「あることによって全体がより素晴らしくなる」のが地域文化活動である。

〔大蔵 真由美〕

《注・参考文献》
(1) 文部科学省「平成 30 年度社会教育調査 ― 調査結果の概要」2018 年（https://www.mext.go.jp/b_menu/toukei/chousa02/shakai/kekka/k_detail/1419659.htm）
(2) 文部科学省「学校と地域でつくる学びの未来 ― 全国の取組事例」（https://manabi-mirai.mext.go.jp/jirei/index.html）
(3) 大町市美麻小中学校『令和 3 年度美麻小中学校ガイドライン』2021 年 .
(4) 大町市「大町市美麻地域づくり委員会」（https://www.city.omachi.nagano.jp/00021000/miasatiikidukuriiinkai.html）
(5) 美麻地域づくり委員会「美麻地区振興計画 ― 令和 3 年度から令和 12 年度」（https://www.city.omachi.nagano.jp/00021000/doc/00023101/美麻地区振興計画 2020_HP 用 .pdf）
(6) 公益財団法人八十二文化財団のホームページより（https://www.82bunka.or.jp/）。
(7) アーツカウンシル・ネットワークのホームページより（https://artscouncil-niigata.jp/artscouncil-network/network/）。
(8) 長野県「長野県文化芸術活動推進支援事業補助金について」（https://www.pref.nagano.lg.jp/seibun/202106artist_support.html）

《本章をふまえた探究的な課題》
【1】 あなたの生まれ育った地域や現在住んでいる地域には、どのような地域文化があるだろうか。地域文化の成り立ちや現在の担い手の状況などを調べてみよう。可能であれば実際に見たり、体験したりしてみよう。
【2】 国や自治体の文化政策あるいは各地で開催されるアートプロジェクトやアートイベントには、どのようなものがあるだろうか。事業の概要や資金面などについて調べてみよう。こちらも、可能なものには参加してみるとよいだろう。

《さらに学びを深めるために》

◎畑潤・草野滋之編『表現・文化活動の社会教育学 — 生活のなかで感性と知性を育む』学文社，
　2007年.

◎苅谷剛彦編『「地元」の文化力 — 地域の未来のつくりかた』河出書房新社，2014年.

◎古賀弥生『芸術文化と地域づくり — アートで人とまちをしあわせに』九州大学出版会，
　2020年.

第**6**章

地域福祉との連携実践にみる
地域教育経営の広がり

本章のポイント

　本章では、地域教育と地域福祉とが連携した実践がどのような理論や視点のもとで実現されているのかについてその要点をまとめる。具体的には、地域教育を構成する社会教育と学校教育の二つの領域における事例を参照し、地域教育と地域福祉とが互いに高め合うような連携の条件とは何なのかについて検討を行うなかで、今日の地域教育経営の広がりをとらえていく。

キーワード

　参加　教育福祉　地域づくり　公民館　民生委員　社会福祉協議会

---

1. 地域福祉とは何か？

　現代の日本社会には、日常生活を送るうえで何らかの支援を必要とする人たちがいる。それに対して、同じ地域に暮らす住民や社会福祉関係者が見守ったり手助けをしたりする「支え合い活動」の広がりがあり、このほかにも、配食、移送、在宅福祉、ボランティア活動など地域に根ざしたさまざまな福祉活動およびサービスが存在していることが知られている。こうした地域社会の福祉課題の解決に取り組む活動やその考え方は「地域福祉」と呼ばれ、今日の社会福祉制度の基本法である社会福祉法においては、「地域福祉の推進」が基本的な

理念の一つとされているなど、非常に重要な概念である。

　地域福祉の推進がめざされるに至るまでの背景には、さまざまな流れと要因が指摘されている。その一つには、高度経済成長期の都市化の進行と、それに伴う産業構造の急激な変化、労働者階級の増大、核家族化と共働き世帯の増加などといった社会変動によって家庭・地域の扶養能力や生活保障機能の低下・縮小が指摘されるなかで、自主保育、生協運動、まちづくり運動などの住民運動やボランティア活動などが盛んに行われたことがあげられる。1999（平成11）年には、厚生省（現在の厚生労働省）の審議会の一つである中央社会福祉審議会によって「社会福祉基礎構造改革について（中間とりまとめ）」がまとめられ、サービス提供システムの構築という観点で、法改正と地域福祉の制度化がなされた。さらに2000年代に日本社会が超高齢社会を迎えたことで、高齢期のケアが念頭におかれ、さまざまなサービスによる健康で安定した住民の暮らしを支える「地域包括支援センター」の設置が全国で進められている。

　このほかに、地域福祉の推進のありようは社会福祉法第4条の条文に定められている。そこでは、①地域福祉の推進においては、社会福祉事業者のみならず地域住民や福祉サービスを必要とする人の活動への参加が重視され、②その活動内容や扱う課題には福祉のみならず就労や教育などを含む幅広い分野が想定されており、③その過程には他者の尊重や住民と社会福祉関係者との相互の協力、支援関係機関との連携が求められている、などといった特徴が指摘できる。なかでも①の住民の「参加」というキーワードは、本書のテーマである地域教育経営と関係のあるものとして注目すべきだろう。

　そこでまず次節では、地域福祉の実現にむけた国内外の動向を整理したのち、今日の地域教育と地域福祉に共通するキーワードの一つである住民の参加をめぐる主な論点を提示する。

2.　地域福祉における住民の参加をめぐる論点

　地域福祉の推進の方向性は、社会福祉法第 4 条の条文のほかに、ノーマライゼーションという国際的な基本理念との関わりにおいてとらえることができる。ノーマライゼーションには三つの側面が指摘されている。一つめは 1950 年代に北欧諸国で提起された「可能な限り通常の生活に近づける」という理念であり、二つめは 1970 年代のアメリカで提起された「価値のある社会的役割の創造」という考え方であり、三つめは 1980 年代に先進諸国で広がった「個人的選択の尊重」という側面である [1]。すなわち「地域生活」「社会参加」「自己決定」を追求することが、ノーマライゼーションの実現に関わってくると整理される。

　日本のノーマライゼーションの実現をめぐる取り組みとしては、主に 1970 年代の障がいのある当事者による社会運動が取り上げられることが多い。この動向を理解するうえでは、それまでの日本社会に障がいのある当事者と地域社会とを切り離すことを当然とする時代があったことをふまえる必要がある。

　1950 〜 1960 年代に関東地方で発足した脳性麻痺者の当事者団体「青い芝の会」の問題提起にもみられるように、当時は社会参加の難しい者を施設内で保護・監視・隔離するべきという考えに基づき、障がいのある当事者を施設へと積極的に閉じ込める時代があり、施設入所者たちには地域生活者としての権利が十分に保障されてきたとは言いがたい状況があった。それは同時に、地域住民の多くが障がいに関して未熟な理解しか持ち合わせておらず、障がいのある当事者たちを排除する存在として差別した時代でもあった [2]。

　やがて入所者たちの地域生活者としての権利回復、さらには在宅の要援護者に社会福祉施設を一つの資源として提供し、その生活の質を高めていくことをめざして、社会福祉施設を地域社会に開いていく「施設の社会化」あるいは「脱施設化」が叫ばれるなかで地域福祉の推進が目指され、ノーマライゼーションの理念との接続が果たされていく。

　こうした流れのなかで、特に近年の日本では、障害者総合支援法や障害者差

別解消法が制定され、2014（平成 26）年には国連の障害者権利条約に批准することとなったことが特筆される。障害者権利条約の内容で重要な点の一つとして、障がいのとらえ方が注目される。外務省が発行し公開している『障害者権利条約ガイドブック』（2018 年）によれば、従来は、障がいは病気や外傷などから生じる個人の問題であり、医療を必要とするものであるという「医学モデル」のとらえ方だったが、障害者権利条約においては、障がいは障がい者から生じるのではなく社会が作り出しているとする「社会モデル」のとらえ方となっていることがその特徴である。

　障害者権利条約の登場により、今日では障がいのある当事者が教育・文化・スポーツなどあらゆる活動に参加し自己決定を行っていくことを社会全体で保障することが私たち一人ひとりに義務づけられ、その対応は合理的配慮として実施されることが求められている。障害者権利条約によれば、合理的配慮とは「障害者が他の者との平等を基礎として全ての人権及び基本的自由を享有し、又は行使することを確保するための必要かつ適当な変更及び調整であって、特定の場合において必要とされるものであり、かつ、均衡を失した又は過度の負担を課さないもの」とされ、そこには個人への配慮や対話という要素が必然的に生じてくる[3]。こうした点をふまえると、地域教育と地域福祉の連携を検討するうえで、合理的配慮は今や非常に重要な概念の一つといえる。

　以上の国内外の動向をふまえ、地域福祉における住民の参加のあり方をめぐる論点を以下に提起する。例えば、政策立案などにおけるボランティア活動への参加の位置づけとして、一方で社会課題の解決や自由意思に基づく社会貢献活動あるいは体験学習の場への参加としての側面が認められるが、他方でその参加者を「安価な労働力」とみなし、参加者の主体性や自己決定性などへの配慮を無視したボランティア活動が組織される場合がある。この他にも、公的機関による就労を目的とした職業訓練プログラムなどへの参加が推奨される背景に、福祉給付の抑制や社会保障への依存の解消などが定置されるワークフェア的な政策が広がっている[4]。いずれの場合においても、活動へ参加することそのものが、必ずしも教育と福祉とを相互に高めるような効果をもたらすものばかりではないことが示されている。それは同時に、特定の条件のもとであれ

ば、教育と福祉とを相互に高めるような効果をもたらす参加および活動が期待できるということでもある。では、どのような条件のもとであれば、教育と福祉とを相互に高められるだろうか。

　以上の内容をふまえ、以下では社会教育と学校教育それぞれにおける地域福祉との連携に関する実践事例の紹介を交えながら、教育と福祉とが高め合うような条件について検討を行い、地域教育経営の広がりの様相をとらえる。

3. 社会教育と地域福祉のつながりと継承

　本節では、はじめに大正時代以降の「教育的救済」に関する実践を整理し、その理論的な展開について説明する。次に第二次世界大戦後の社会における教育と福祉をつなぐ理論を整理しながらその系譜を確認する。最後に関連する事例として福岡県北九州市と大牟田市の取り組みを例にその要点をまとめていく。

(1)「教育的救済」にみる教育と福祉

　第一次世界大戦後の日本社会では、産業振興を中心とした近代化が進められ、多くの国民の生活においては劣悪な労働環境のもとで厳しい暮らしを強いられた結果、生活困窮者の増加が問題となった。この時期に、社会事業の仕組みが全国に広がっていくなかで、生活困窮を中心とするさまざまな社会問題に対して、一般民衆への教育が実践的・政策的課題として取り上げられるようになった。当時は、物資の配分や金銭的な支援を指す「物質的救済」に加えて、人々の精神的・教育的な支援を指す「教育的救済」が注目された。

　当時の地域社会における「教育的救済」に関する実践として、セツルメント運動や方面委員制度が注目される。セツルメント運動は学生や宗教家、あるいは公的機関などがスラム街などの貧困地域に拠点を設け、共同生活を通じた生活支援を行う仕組みである。セツルメント運動は、救貧的・保護的な取り組みを中心とした「社会的セツルメント」を端緒として、やがて生活困難を抱える人の主体形成を課題として教育的なアプローチをとる「教育的セツルメント」

へと発展した。もう一方の方面委員制度は、現代の民生委員制度へと続くもので、その歴史は1917（大正6）年創設の岡山県の済世顧問制度に始まり、同様の制度が日本各地に浸透していくなかで、1936（昭和11）年の方面委員令をもって全国的な統一が図られた。方面委員制度は地域の中産階級の住民が行政から委嘱を受け、住民目線で地域生活に関する調査や相談、支援を行う仕組みであり、社交を中心としつつも、講習や文庫活動などといった教育・文化活動を通じた支援のあり方も存在していた。

　行政の立場からは、「教育的救済」に関する取り組みが、当時の文部官僚であった乗杉嘉寿（1878-1947）によって社会教育行政の重要課題として位置づけられ、特に障害児教育や更生・保護のための教育などが念頭に置かれつつ、社会における弱者を救済する手段であり、社会教育の重要部分を占めることになるものとして言及された[5]。

　このように「教育的救済」に関する実践では、日常生活に困難を抱える人々を対象とした教育実践が蓄積されており、これらの実践から現代の社会教育の一つの系譜とされる「社会事業的社会教育論」[6]が導かれた。この議論は、現代の社会福祉につながる社会事業という実践のなかに社会教育の系譜の一つを見いだそうとするものである。この視点は、第二次世界大戦後の社会における教育と福祉のつながりを読み解く「教育福祉」の理論へと接続していく。

(2) 教育福祉論の形成と継承

　第二次世界大戦後の社会教育政策において重要な柱の一つとされていたのが、公民館の普及である。各地方長官に宛てて発出された文部次官通牒「公民館の設置運営について」（1946（昭和21）年）では、これからの日本に最も大切なこととして、「すべての国民が豊かな文化的教養を身につけ、他人に頼らず自主的に物を考え平和的協力的に行動する習性を養うこと」「平和的産業を興し，新しい民主日本に生れ変ること」を掲げ、そのために青少年のみならず、老若男女問わず学べる場所として公民館が構想されている。

　本通牒では、公民館が単なる教育機関ではなく、町村振興に関わる複数の機能を備えた文化教養の機関として位置づけられている点も注目される。特に、

公民館の事業に関する項目では、託児所などの経営指導、簡易な医学、衛生事業とその指導、社会事業、慈善事業団体との連携事業などが明記され、保健・医療・福祉の分野においても一定の役割が期待されていた。

　その後の日本経済の復興が進むなかで、行政機関の体制が確立・安定すると同時に縦割り的な性格が強まり、公民館における教育と福祉との関連は次第に薄れていった。ただし、この変化は必ずしも地域社会において教育と福祉の関連が薄くなっていったことを意味しない。高度経済成長期を迎えると、一方で産業構造の高度化にともない都市部に集団就職でやってきた中卒の農村青年たちが、自らの居場所と学習の機会を求めるなどの事態への対応の問題が生じ、他方で女性解放運動の高まりや共働き世帯の増加に伴って、女性の自己解放・自己学習と子育てとの両立をめぐる諸問題などが浮かび上がってきた。これらのテーマに注目した社会教育学研究者の小川利夫（1926-2007）は、「教育と福祉の谷間」の諸問題を研究の課題に据え、子どもから成人まであらゆる人々の学習・教育権保障を中軸とした教育福祉論を提唱した[7]。

　近年では、これらの系譜を発展的に継承し、教育と福祉の連携を地域づくりとのつながりにおいてとらえる研究視角が提起されている[8]。この研究視角は、端的には現代の地域社会の規範意識や、地域づくりにおいて目指される価値のうちに「福祉」を大きく位置づける地域の取り組みに注目するものである。

(3)　社会教育と地域福祉の連携事例

　以下では、地域づくりとつながる社会教育と地域福祉の連携事例として、福岡県北九州市と大牟田市の実践を紹介する。

　一つめの事例である福岡県北九州市には、自治会や婦人会、社会福祉協議会などの地域団体で構成されるまちづくり協議会が市の委託を受けて管理する市民センターという施設がある。この市民センターは、2005（平成17）年に公民館と市民福祉センターとが統合して設置されたもので、住民同士が支え合い、地域の課題解決に向けて取り組む活動拠点としての役割がある。

　社会教育の拠点である公民館が、地域福祉の拠点である市民福祉センターと統合されたことについて、社会教育学研究者の松田武雄は「公民館廃止につな

がる経路をつくったという点で、行政上、歴史的に大きな禍根を残したが、それまでの公民館活動の実践的蓄積を活かし」た取り組みを開拓する可能性が現れていたと評している[9]。

　実際の活動としては、高齢者を対象としたサロン活動の事例、転居者の多い地域で孤独を感じている地域住民の心と暮らしを支える交流事業の事例、子どもの貧困問題に取り組むなかでこども食堂の事業に参画する事例、市の特定健診の会場として指定されていることを生かして多様な年齢層の住民を対象とした教育事業を企画する事例などがみられる。これらの活動は、公民館時代の資源や人間関係などを生かしつつ、福祉の視点をもって取り組まれるものであり、市民センターの地域づくりの中核としての役割をうかがい知ることができる。

　もう一つの事例である福岡県大牟田市では、公民館内に地域包括支援センターが設置され、両者が連携した事業を実施している点に特徴がある。地域内には六つの地区公民館があり、そのうち5館には地域包括支援センターが併設されている。

　具体的な取り組みとして、地域包括支援センターに所属する保健師・社会福祉士・主任介護支援専門員などの職員に、公民館講座として開催する介護予防教室の講師や健康体操の指導者を依頼する事例や、公民館利用者が地域包括支援センターに立ち寄って生活相談サービスを利用する事例、それと反対に地域包括支援センター利用者が公民館活動の紹介を受けたり実際に参加したりする事例などがある。大牟田市の公民館では、福祉をテーマとした講座を実施するうえで、教育の内容と編成について福祉領域の専門家たちとの連携をとったり、互いの利用者層を共有したりするような形で、社会教育と地域福祉の連携がとられているといえる。

　同市では、福祉領域の取り組みに公民館が関与することについて、地域社会から公民館に対して明確な要望がなければ、公民館は積極的な介入がしづらいという葛藤もある。地域活動を支援するという基本姿勢から考えれば、福祉の領域に関わることに問題はないが、地域包括支援センターの役割や立場を尊重しようとして葛藤が生じている可能性がある。

　二つの事例に共通するポイントとして、職員は自らの専門領域に固執するのではなく、社会教育と地域福祉という二つの事業がもつ価値を重ねたり尊重したりするなかで実践を充実させていること、ときには職員同士の対話的な関係の構築が欠かせないということがある。

4.　学校教育と地域福祉の連携実践

　次に、学校教育と地域福祉の連携実践について検討していく。学校現場における福祉的な課題への対応策には、2008（平成20）年のスクール・ソーシャルワーカー活用事業の導入がある。このなかで貧困や虐待、地域社会からの孤立などの家庭問題や、学校生活の問題など子どもの生活全般を支援する体制整備が進められた。その一方で、近年では学校運営協議会制度の導入や地域学校協働本部事業の推進が本格化し（第3章参照）、「地域とともにある学校」「学校を核とした地域づくり」などの理念が示され、学校の教職員は地域社会の福祉的な課題に目を向けていく必要に迫られている。これをふまえて以下では、学校教育と地域福祉との連携実践として、香川県丸亀市における地域学校協働活動の取り組みと、高知県土佐町の社会福祉協議会による福祉教育の取り組みを例にその要点をまとめていく。

（1）民生委員がつなぐ学校教育と地域福祉

　丸亀市では、2021（令和3）年4月からすべての小学校区で地域学校協働活動推進員が委嘱されている。丸亀市の地域学校協働活動推進員は、コミュニティセンターの館長や自治会の役員、PTA会員など従来から地域と学校とをつなぐ役割を一定程度担ってきた役職から選出される校区もあれば、民生委員という福祉領域の役職から選出される校区もある。なかでも丸亀市X小学校区の地域学校協働活動推進員のA氏は、民生委員の活動を通じて地域の生活課題を的確にとらえてきた経験を生かして活動に取り組んでいる。ここでは、福祉の視点を生かした地域学校協働活動の展開について、A氏の活動を例に紹介する。

　Ｘ小学校区が抱える地域課題の一つとして、社会的に排除されている人た
ち、すなわち定職に就いていない就職氷河期世代と呼ばれる40代前後の地域
住民や、農村地域に残る家制度から排除される次男・女性・未婚者、あるいは
学校を卒業した子をもつ壮年期の女性などといった住民層の社会参加が果たさ
れにくい状況がある。Ａ氏はこの状況を問題視しており、なかでも未婚者や学
校を卒業した子をもつ親という存在は、子どもや学校に関わる地域活動につい
て、親であるということ以外の参加理由を見いだしづらかったり、子どもと接
することに自信がなかったりすることで、その結果ひきこもり状態となってし
まう場合を大きな課題の一つとして認識している。この課題の解決に向けて、
Ａ氏は地域学校協働活動の枠組みをどのように活用しているのだろうか。

　まずＡ氏は、地域学校協働活動の参加ハードルを下げるために、Ｘ小学校に
おける授業補助や学校設備の管理などではなく、同校区内にある保育所の子ど
もたちと手をつないで地域を散歩する活動と連携し、ひきこもりがちな住民た
ちに社会参加への一歩を踏み出すきっかけとしてもらえるよう働きかけてい
る。また、ひきこもりがちな住民への呼びかけの際には決して強制することな
く、人手が足りないため手伝ってほしいという丁寧な伝え方をすることで、主
体性や使命感をもって参加してもらえるように配慮を行っている。

　この実践の特筆すべき点の一点めとしては、地域学校協働活動は主に小・中
学校における活動が想定されることが多いなかで、Ｘ小学校と隣接する保育所
での活動も地域学校協働活動の一環であるとして、地域学校協働本部で共通認
識が形成されている点があげられる。二点めはＡ氏が民生委員という立場を生
かして、地域学校協働活動推進員の活動を通じて、地域の福祉的な課題（社会
的排除とひきこもりという問題）と教育的な課題（教育活動における人手不足
と支援者育成）の両方の解決を目指すアプローチをとっている点である。

(2) 社会福祉協議会が支援する福祉教育の取り組み

　土佐町の社会福祉協議会（以下「土佐町社協」とする）は、近隣の学校に通
う児童・生徒を対象とした福祉教育に積極的に取り組んでいる。土佐町社協
は、この町で一つに統合された小中学校である土佐町立土佐町小中学校のみな

らず、町から最も近い高校である高知県立嶺北高校との連携を行っており、小学校段階から高校段階までと幅広い世代に対する福祉教育の実践に取り組んでいる。

　土佐町社協の取り組みは対象とする学校段階によってさまざまな対応がとられている。まず、小学生を対象とした取り組みについては、担任の教員が子どもたちに学ばせたい内容を土佐町社協へ相談することから始まる。なかでも4年生のカリキュラムには「住みやすいまちづくり」をテーマとした単元を通じて、土佐町の地域の高齢者や障がい者など当事者を交えた地域福祉に関する学習活動が展開されている。

　続いて中学生を対象とした取り組みは、すべての学年で福祉教育のプログラムが教育課程の「総合的な学習の時間」に組み込まれており、土佐町社協の伴走的な支援のもとで実施されている。過去には「空き家改修プロジェクト」と銘打ち、地域に若い人を呼び込みたいという中学生たちの発想に基づいて、町の補助金申請を経験し、地域住民を巻き込みながら改修を行うなど、大規模な活動に取り組んだこともあった。

　最後に高校生を対象とした取り組みは、高知県社会福祉協議会の「キャリア教育支援事業」の一環として嶺北高校の地域人材育成に取り組んだことがきっかけとなった。この取り組みは、嶺北高校に通う高校生たちの多くが暮らす大豊町、本山町、土佐町、大川村の4町村の社協で支援チーム体制をつくって推進された。年間4回の取り組みで、1年生が認知症サポーターに関する学習、2年生は福祉の仕事を知ることをテーマとした学習、3年生は福祉の職場体験などに取り組んでいる。さらに福祉サービスの利用についても学習する機会として位置づけられている。

　いずれの学校段階の実践においても重要な点としてあげられるのが、学校教員との関係づくりである。特に連携の経験に乏しい教員の要望は、漠然としていたり、視野が狭かったりする傾向があるため、土佐町社協は教員の異動がなされるたびに地域社会の具体的な状況や感覚を伝えるなど、福祉事業者の専門的な知見を生かした丁寧な支援を行っている。また、土佐町社協は各校の校長、教頭、さらには町の教育長、教育次長を交えた懇談会を開くなかで、組織

的な連携協力の体制づくりにも努めている。

　土佐町社協にとって人づくりは地域福祉の推進における重要課題であり、地域の子どもたちが自分たちのまちのことを学ぶ活動を支援することで、将来社会の地域福祉を担う主体を育成することを企図している。

　土佐町社協の取り組みの課題としては、近年は教員の働き方改革が進められるなかで、打ち合わせ時間と活動時間の短縮および内容の簡素化が求められるようになり、以前のように伴走的な支援が難しくなったこと、両者の合意形成の部分で認識がずれる問題も生じていることなどがあげられている。

　本節の事例のポイントは、どちらの事例も地域福祉の課題と学校教育の課題とを結びつけてとらえ、調整役として具体的な活動の機会を創り出していく民生委員や社会福祉協議会という活動主体が存在したことで、学校段階や地域の枠を越えて、地域の一人ひとりの子どもを軸とした切れ目のない支援が実現できた点にある。このように、教育と福祉の連携というテーマは、地域社会の課題解決や地域教育経営のあり方を考える手がかりとして、重要な位置を占める。

〔大村 隆史〕

《注・参考文献》

(1) H.スミス／H.ブラウン編（中園康夫・小田兼三監訳）『ノーマリゼーションの展開 ― 英国における理論と実践』学苑社, 1994 年. （原著：Smith, H. and Brown, H. eds., *Normalisation: A Reader for the Nineties*, Routledge, 1992.）

(2) 横田弘『障害者殺しの思想』（増補新装版）現代書館, 2015 年.

(3) 川島聡・飯野由里子・西倉実季・星加良司『合理的配慮 ― 対話を開く, 対話が拓く』有斐閣, 2016 年.

(4) 宮本太郎『福祉政治 ― 日本の生活保障とデモクラシー』有斐閣, 2008 年.

(5) 乗杉嘉寿『社会教育の研究』同文館, 1923 年, p.11.

(6) 小川利夫『講座現代社会教育Ⅰ 現代社会教育の理論』亜紀書房, 1977 年.

(7) 小川利夫・高橋正教編『教育福祉論入門』光生館, 2001 年.

(8) 主なものとして、松田武雄『コミュニティ・ガバナンスと社会教育の再定義 ― 社会教育福祉の可能性』福村出版, 2014 年と、辻浩『現代教育福祉論 ― 子ども・若者の自立支援と地域づくり』ミネルヴァ出版, 2017 年などがあげられる。

(9) 松田武雄編『社会教育福祉の諸相と課題 ― 欧米とアジアの比較研究』大学教育出版，2015年，pp.14-15.

《本章をふまえた探究的な課題》
【1】地域福祉の取り組みにおいて、教育活動が重視されるのはなぜだろうか。「参加」することによって、参加を受け入れた側の人々や、参加をした人自身に何がもたらされるのかを考えながら説明してみよう。
【2】教育現場における福祉的な課題にはどのようなものがあるだろうか。学校や公民館などにおける福祉的な課題を調べてみよう。

《さらに学びを深めるために》
◎高橋満『コミュニティワークの教育的実践 ― 教育と福祉とを結ぶ』東信堂，2013年.
◎三時眞貴子・岩下誠・江口布由子・河合隆平・北村陽子編『教育支援と排除の比較社会史 ― 「生存」をめぐる家族・労働・福祉』昭和堂，2016年.

第 **7** 章

子どもの貧困問題と市民活動
─ アダチベースの取り組みを中心に ─

本章のポイント

　本章の前半では、2000年代半ば以降に、「子どもの貧困」が社会問題化するなかで、どのような政策が実施され、どのような活動がNPOや地域で行われてきたかを示す。後半では、筆者が働く「アダチベース」の取り組みの実態を取り上げ、大人のどのような関わりが子どもたちの変化を促すかを明らかにする。

キーワード

子どもの貧困　貧困の連鎖　こども食堂　学習支援　NPO

---

1. 子どもの貧困問題と政策の変遷

(1) 日本における子どもの貧困

　「貧困」といわれると、衣食住に困り、生きていくのが困難な状況を思い浮かべるかもしれない。これは、「絶対的貧困」といわれる状況である。これに対して、現在の日本で大きな問題になっているのは、「相対的貧困」である。これは、その国の生活水準や文化水準を下回る生活を送っている状態を意味する。現在の日本では、生活するうえで実際に使える等価可処分所得が全世帯の中央値の半分に満たない世帯のことを「相対的貧困」の状態にあるとみなし、

その状態にある 18 歳未満の子どもたちを「子どもの貧困」の状況にあるとしている。

　日本の子どもの貧困率は、図 7-1 からわかるように、1980 年代から右肩上がりに上昇を続けてきたが、2012（平成 24）年の 16.3％を頂点にやや減少傾向がみられ、2018（平成 30）年は 13.5％となった。減少しているとはいえ、現在の数字も 7 人に 1 人が貧困状態にあり、決して低い割合ではない。また、OECD（経済協力開発機構）加盟国 34 ヶ国中 10 番目に高く、OECD 平均を上回っていることも問題である。さらに、日本の「子どもの貧困」問題の特徴として、ひとり親世帯の貧困率が突出して高いことがあげられる。2018（平成 30）年時点でもひとり親世帯の約半数（48.1％）の家庭が、相対的貧困状態にあり、これは OECD 加盟国のなかで最も高い水準である。

　家庭が貧困状態にあると、子どもの健全な発達を阻害し、学力に負の影響をもたらす。金銭（経済資本）の欠如にとどまらず、さまざまな教育や経験の機

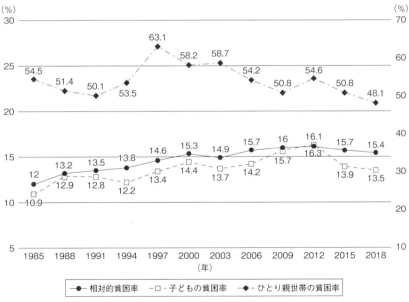

図 7-1　相対的貧困率・「子どもの貧困率」の推移
出典：厚生労働省「2019 年 国民生活基礎調査」より筆者作成

会が失われ、文化的な習慣や振る舞い（文化資本）や、周囲との適切な関係（社会関係資本）を築くうえで不利な状況に置かれる。阿部彩は、金銭面や家庭環境、職業、健康、意識など、さまざまな「連鎖の経路」を介して、子どもの時期の貧困が成人期の貧困につながることを示している。実際に子どもの時期の貧困は、教育の達成度（進学率や学歴）の低さや非正規労働となるリスク、所得の低さにつながる[1]。この意味で、「子どもの貧困」は世代間連鎖の問題である。

(2) 子どもの貧困に関わる政策

　日本で、相対的貧困や子どもの貧困が社会問題化するなかで、その解決に向けた政策が実施されている。ここでは、代表的な二つの政策を紹介する[2]。

　一つは、「子どもの貧困対策の推進に関する法律」（子どもの貧困対策法）である。2013（平成25）年6月に成立した同法は、「子どもの将来が生まれ育った環境により左右されることのない社会を実現する」（第2条）ことを目的とする。具体的には、①教育支援、②生活支援、③就労支援、④経済的支援の四つの柱からなる子どもの貧困対策の実施を国に義務づけた。同法を受け、翌年に「子供の貧困対策に関する大綱 ― 全ての子供たちが夢と希望を持って成長していける社会の実現を目指して ― 」（子供の貧困対策大綱）が閣議決定された。大綱は、子どもの貧困対策の方針や指標を示し、子どもの貧困対策法で定めた四つの柱に即して重点施策を定めた。しかし、法律・大綱ともに、方向性や指標は定められていても、数値目標が一つも定められていない点に問題を抱える。

　2019（令和元）年6月に改正された同法では、都道府県のみの努力義務とされてきた子どもの貧困対策の計画策定が市区町村にも拡大された。同年に、子供の貧困対策大綱も見直され、基本方針として「親の妊娠・出産期から子どもの社会的自立までの切れ目のない支援」「支援が届かないまたは届きにくい子ども・家庭への配慮」などが掲げられた。指標の数は25から39に増加し、経済的要素だけでなく、「公共料金の未払い」「食費や衣服を買えなかった経験」など、より生活に近い視点で貧困を評価する指標も含まれるようになった。

　もう一つは、生活困窮者自立支援法である。2015（平成 27）年 4 月に施行された同法の目的は、生活保護受給者の増加をふまえ、生活保護に至る前の自立支援策を強化し、生活保護から脱却した人が再び生活保護に頼ることのないようにすることである。大人を対象とした相談事業や就労支援とあわせて、生活困窮世帯の「子どもの学習・生活支援事業」が位置づけられた。なお、当初は、「子どもの学習支援事業」と学習に特化した内容であったが、2018（平成30）年の改正を経て、生活習慣・育成環境の改善や、教育及び就労（進路選択など）に関する支援という三つの領域での事業展開の必要性が盛り込まれた。あわせて、関係機関との連絡調整の重要性についてもふれられ、学習支援のみではなく、子どもに関わる生活全般を支援する複合的な「子どもの学習・生活支援事業」として強化された。後述する「アダチベース」は、同法に基づく事業となる。

2.　学習支援やこども食堂の広がりによる子どもの貧困対策

　本節では、子どもの貧困対策の代表的な取り組みである、学習支援とこども食堂に焦点を当て、どのように支援の輪が広がってきているかを紹介する。

（1）学習支援の広がりと制度化

　生活保護世帯の子どもへの学習支援の先駆けは、1980 年代の、東京都江戸川区におけるケースワーカー有志による学習支援である。高校進学率は 1974（昭和 49）年には 90％を超えていたが、生活保護世帯の子どもたちは、生活環境や両親の学歴が影響し、高校進学せず生活保護受給者となる負の連鎖が生まれていた。この貧困の連鎖を断ち切るための支援がはじめられた。

　このように、一部の自治体で実施されていた学習支援の取り組みが、2000年代半ば以降、生活保護制度の自立支援の一環で本格的に実施されることになった。その後、生活保護世帯から生活困窮世帯への支援に広がりをみせ、生活困窮世帯の学習支援事業が子どもの貧困対策法のなかに重要な支援の一つとして位置づけられた[3]。上記の生活困窮者自立支援法でも、「学習支援事業」

が地方自治体の任意事業の一つとなった。その結果、2014（平成 26）年度は 184 自治体のモデル事業であったのが、2018（平成 30）年度には 536 自治体に増加し、調査対象の 902 自治体のうちの 59%となっている[4]。

　学習支援は、これら二つの制度に位置づけられたもの以外にも、こども食堂や、放課後に学校内で実施される場合もある。NPO や地域人材による自主事業としての学習支援も広く行われている。

(2) こども食堂の広がりと食でつながる支援

　「こども食堂」という言葉が生まれる以前から、地域の大人と子どもが一緒に食事をして交流する場は多くあったが、近年の動きのきっかけとして紹介されるのは、東京都大田区の「気まぐれ八百屋だんだん」である。近藤博子氏が中心となったこの取り組みでは、十分な食事がとれない子どもたちだけを対象にするのでなく、「どなたでもどうぞ」と間口を広く取った活動が展開された[5]。

　その後、NPO 法人豊島子ども WAKUWAKU ネットワークなどの市民活動組織を中心に、こども食堂は普及していく。同法人は、プレーパークと学習支援、こども食堂などの一体的な取り組みを行う団体である。同法人代表の栗林知絵子氏が実行委員会代表を務めた「広がれ、子ども食堂の輪！全国ツアー」は、2016（平成 28）年から 3 年かけて、子どもの貧困に関心をもつ人たちを巻き込み、全国 47 都道府県をまわった。この過程で、こども食堂が貧困対策だけではなく、地域の交流拠点としても機能することを広く伝えることができ、貧困問題に関心が低い層にも働きかけ、全国にこども食堂を広げる契機の一つとなった。

　2020（令和 2）年には、全国に約 5,000 か所まで増加したこども食堂であるが、その対象（子どもだけか大人も参加可能か）、料金（無料か大人は有料とするか）、実施回数（月 1 回から週 1 回まで）など、形態はさまざまである。こども食堂の共通点は、地域づくりの場であり、子どもの貧困対策の場でもあることである。なお、子どもの貧困対策における食の支援としては、地域のニーズにあわせて、学校や地域での朝食支援やフードパントリー、子ども配食

サービスなど、こども食堂以外にも多くの取り組みがみられる。「食」は生きるために必要なことであるからこそ、「食」を軸としたつながりは今後も増えていくだろう。

3.　多角的で多様な支援を届ける「アダチベース」

(1) 足立区の「子どもの貧困」問題に対する取り組み

　ここから、子どもの貧困対策の最前線の取り組みとして、「アダチベース」の事例を紹介する。同施設のある足立区は、東京都北東部にある区で埼玉県と隣接しており、23区のなかで人口も面積も上位に入る。同区は、2015（平成27）年度を「子どもの貧困対策元年」と位置づけ、同年に「未来へつなぐあだちプロジェクト ─ 足立区子どもの貧困対策実施計画」を策定した。上述したように、2019（平成31）年に改正された子どもの貧困対策法では、子どもの貧困対策の計画策定が市区町村の努力義務となったが、2015（平成27）年当時はまだ都道府県への努力義務段階にとどまっており、全国に先駆けた動きだった。

　同区の計画は、子どもの貧困の「予防」およびその「連鎖を断つ」ことを目的とし、①教育・学び、②健康・生活、③推進体制の構築の3本柱でとらえることで、複合的な要因が絡む子どもの貧困問題に全庁体制で取り組むことを定めている。2021（令和3）年現在、5か年計画の第1期（2015〜2019年度）が終わり、第2期計画（2020〜2024年度）へと移行している。第2期計画改定の際には、第1期の成果や課題、区の現状とともに、改正法の趣旨も反映された。

　「居場所を兼ねた学習支援事業」は、本計画の重点施策の一つである。2015（平成27）年より中高生を対象とし事業が開始され、現在は区内に4か所の拠点施設が設置されている。そのうちの2か所を認定NPO法人カタリバ[6]が、足立区福祉部より業務委託を受け、「アダチベース」として運営を担っている。

(2) アダチベースの多様なプログラム

「アダチベース」は、生活困窮世帯の子どもを対象にした無料学習支援事業として全国でも珍しい常設型施設で、週1日の閉館日を除き、毎日好きなときに利用ができる（写真7-1）。利用できるのは、登録している中高生（高校生は中学時代に登録していたうち再登録した人のみ）で、定員はあわせて90名程度である。

アダチベースに登録する中高生は、自身ではどうすることもできない課題を多く抱えている。例えば、ひとり親家庭やステップファミリー、生活保護受給世帯、疾病や障がいを抱えた保護者がいる家庭出身の場合がある。また、小さい妹・弟の世話をするヤングケアラーである場合や、外国ルーツや不登校経験などの背景をもつ場合もある。そして上述の通り、一つの課題ではなく複合的な課題をもっていることも多い。このような不利な環境のもとでも、アダチベースを卒業後、社会に出た時に自身の足で人生を切り開くことが「貧困の連鎖」を断ち切ることにつながると考え、その力を育むプログラムを届けている。

事業名に「居場所を兼ねた学習支援」と掲げられている通り、学習支援だけではなく、居場所支援、食事支援、体験活動支援と四つの支援プログラムを用意している。まず、「学習支援」では、ICTを活用し個別最適化された学習支援を行っている。一人ひとりの学習習熟度が異なるため、その子に合った学習支援が求められ、それぞれの希望進路の実現に向けた支援を実施している。

写真 7-1　アダチベース施設内の様子（左：フリースペース、右：学習スペース）
出典：ともにカタリバの許可を得て掲載

　次に、「食事支援」では、食事を毎日提供し、施設内のキッチンで調理した栄養バランスの取れた温かい食卓を20名ほどで囲んでいる。2021（令和3）年現在は、新型コロナ感染症対策のため黙食を基本としているが、地域の飲食店にご協力いただき、手づくりの食事を提供することを心がけている。生活困窮世帯の中高生のなかには保護者が仕事や病気であることを理由に、「孤食」の状態の中高生も多くいるため、ライフラインとなる食事支援は重要である。

　さらに、「体験活動支援」では、中高生に体験・経験してほしい新しい機会を提供することもあれば、中高生自身が自ら希望する体験イベントを企画することもある。その際は、スタッフが実施に向けた伴走をし、ほかの利用者も楽しめる機会を一緒につくっている。

　最後の「居場所支援」は、上の三つの支援の提供時も含めアダチベースにいる間、常時支援を行うことを意識している。来館した際にスタッフが迎え入れる瞬間や、自習でわからない際にすぐに質問できる環境、漫画を一人で読んでいるときのほっとする空間、温かい食事を一緒に食べている時間など、どの時間や環境も、中高生たちが「ここにいてもいいんだ」と、自分の居場所に感じる重要な要素になる。四つの支援が絡み合うことで、複合的な課題をもつ中高生たちに対し、多面的な支援を届けている。

　2020（令和2）年2月末に、新型コロナウイルス感染症の影響をふまえて全国的に学校の臨時休業措置が講じられた際も、アダチベースでは、タブレットとWi-Fiを無償貸与し、3月1週目よりオンライン支援を開始した。感染症の影響で6月まで続いた学校の臨時休業中は、施設も閉鎖せざるをえなかったが、オンライン支援を実施することで、「つながり」と「学び」を継続することができた。学校再開後も、オンライン支援を継続し、施設での対面支援とオンライン支援を融合させた、複合的な運営を行っている。

(3) アダチベースの活動を支えるスタッフ

　アダチベースには、中高生に関わる多くのスタッフがいる。スタッフには、カタリバの職員、学生インターン、ボランティアの三つの形態があり、学生も大人も異なる背景をもち、年齢や性別、専門性など多様な人材が集まってい

る。ボランティアは、学習支援や体験イベントの講師、毎日の食事の調理などの役割を果たし、中高生との関わり方はさまざまである。

　アダチベースが実施するプログラムは、すべて「人」を通して中高生に提供される。中高生とスタッフとの出会いは、アダチベースとの出会いそのものであり、新しい世界への入り口となるため、「人」を大事にした運営を目指している。2021（令和3）年現在は、オンライン支援も実施しているためスタッフは遠方からの参加も可能だが、地域の方とのつながりも重視している。地域の方と日常的に顔を合わせ、挨拶ができる関係を構築することで、同じ地域で暮らす中高生にとって、安心・安全な環境をつくることができると考えるためである。

　このような関わりの本質は、カタリバが創業以来ずっと大事にしている「ナナメの関係」と呼ばれる関係にある。子どもたちは、日常の多くを「タテの関係（親や先生など）」と「ヨコの関係（同世代の友人）」のなかで過ごすが、それらと違った角度から本音で対話できる利害関係のない「一歩先をゆく先輩」との「ナナメの関係」だからこそ、安心して本音を引き出し、さらに広い世界をみせることができる。アダチベースでも，大学生を含むスタッフが中高生のロールモデルとなっている。

4.　スタッフとの関わりを通じた子どもたちの変化

　上述のように、アダチベースの運営の軸は、四つの支援プログラムにあり、これらはすべてスタッフを通して届けられるものである。本節では、中高生一人ひとりが異なる課題をもちながらも、アダチベースを利用し、さまざまな大人との出会いや体験・経験を通じて変化をみせた二つのケースを紹介する[7]。

(1)　留学という目標を見いだしたＡさんのケース

　Ａさん（男性）は、中学2年生からアダチベースの利用をはじめた。母親と歳の離れた妹と三人家族で、母親は仕事が忙しく、夕食は妹と二人でコンビニエンスストアの弁当を食べることが多かった。中学校では、サッカー部に所

属し毎日楽しく過ごしているようにみえたが、アダチベースでスタッフと話していると、「高校は行けたらどこでもいい」「やりたいことは特にない」と、投げやりな言葉が多いのが少し気にかかっていた[8]。

　Aさんは学習目的での利用だったため、来所するとすぐに学習に取り組み、終わるとそのまま帰宅するという毎日を送っており、筆者を含むスタッフは、学習を通した関わりを保っていた。ある日、Aさんが留学経験のあるスタッフと、留学の話で盛り上がっている光景を目にした。もともと興味をもっていたのか、そのスタッフの話に引き込まれたのかはわからないが、非常に楽しそうな様子が印象的だった。留学の話題を出したスタッフは、このことをすぐに全体に共有し、ほかのスタッフからも海外や留学の話題をふったり、海外からの留学生との交流イベントを企画し誘ったりするなかで、以前よりも学習以外で過ごす時間が増えていった。この働きかけのなかで次第に、Aさんは「俺も留学できるかな。留学したい」とはっきりと口にするようになり、「大学生で留学する」と目標を定め、高校受験に向けた勉強に本腰を入れていくことになった。

　何もやりたいことがなかった（あるいは言えなかった）Aさんだが、ある日の偶然の会話から「こんな人になりたい」と思える大人に出会い、やりたいことが生まれた。その気持ちを応援してくれる人たちのなかで、夢に向かって頑張ろうという気持ちを固めていったと考える。私たちスタッフが日々の何気ない関わりの中で、彼の存在を受け止めながら、彼のアンテナに何かが引っかかるよう、さまざまな種を撒き、芽が出た瞬間を見逃さず、次の一歩につないだ成果といえるだろう。

(2) 自分の夢をみつけたBさんのケース

　Bさん（女性）は、飲食店を営む両親との三人家族で、夕方から明け方までいつも一人で自宅にいる状態が続いていた。小学生の時から不登校傾向があり、中学校1年生のときは頑張って登校していたものの、2年生になってからはあまり登校できなくなっていた。学習面では小学校段階でつまずきがあり、「勉強はできないもの」ととらえ、学習意欲は低かった。約束した学習時間で

も、机に向かっていたかと思えば、取り組んでいた問題集をスタッフに向けて投げつけ部屋を飛び出していくこともあった。高校進学については、「どうせ行ける高校なんてないし、行かなくていいよ」と諦めたような言葉をよく吐き出していた。

　Bさんは自宅にいてもつまらないためか、アダチベースに毎日のように来ては、スタッフや他の利用者と話したり遊んだりしていた。実は「小さい時からパティシエになりたかった」とのことで、アダチベースでお菓子づくりをするときに率先して動いてくれるようになった。Bさんがさらに活躍できる場をつくろうと、地域の飲食店に協力依頼して、店舗の手伝いをする体験実習を企画したところ、すぐに参加を決めた。手伝いから帰ってくると「お客さんに食べてもらうためのお菓子や料理のお手伝いができた」と嬉しそうに語ってくれた。さらに、「すごく素敵な店員さんだった。私もなりたい」と話し、調理師やパティシエの勉強ができる専門学校を自分で調べ、「そのためには高校にも行って勉強しないといけない」といって、高校受験に向けた勉強をはじめた。

　Bさんは、当初「どうせ私にはできない」と諦めていたが、居場所となっていたアダチベースにおける経験を自信に変え、「自分にもできるかもしれない」と、外の世界に挑戦する意思をもつことができた。Bさんが好きなことを好きと言える環境は、スタッフが彼女との信頼関係をもとに、好きなことや得意なことをみつけられるようさまざまな体験活動に誘い、彼女が目指すものをみつけた瞬間を逃さず称賛し、自信を育んだ結果として形づくられたものであろう。

(3)　二つの事例からみえるアダチベースのもつ意味

　さて、アダチベースで時間を過ごす中で、二人にはアダチベースの何が響き、なぜ変化がもたらされたのだろうか。これまで筆者が出会ってきた子どもたちの顔を思い浮かべながら、最後にそれを考えてみたい。

　Aさんは、アダチベースを学習する場所と認識をしていたなかでも、スタッフや他の利用者、アダチベースとの関係性を徐々に広げ、深めていった。わからないことが出たときに質問できる頼れる大人の存在に「安心感」を覚え、

学習のなかで「できた」が増えることで「自信」が育まれ、イベントに参加したりスタッフと話したりするなかで夢や目標を持った彼は、自分の「やりたいこと」に、あるときに気づくことになった。そんな場所だからこそ、彼は、自分の「やりたいこと」を素直に発信し、そこに向けて頑張るようになったと考えられる。

　Bさんも、スタッフへの信頼という「安心感」があって初めて新しいことへの挑戦が生まれ、挑戦できたことで「自信」が少しずつ生まれてきた。地域で活躍するロールモデルに出会えたのも、彼女にとって大きな体験だった。「自分もこんな風になりたい」と思える人と出会ったことで、それまで漠然としていた将来を色濃くイメージすることができ、具体的な行動につなげていった。

　文章にすると美しいサクセスストーリーに映るが、実際の子どもたちは、いったりきたり、時には止まって座り込んだりして、容易に変化をみせるものではない。子どもたちが立ち止まった瞬間も含め、スタッフが関わり続けることが重要となる。今回紹介したどちらのケースも、一時点の関わりではなく、継続的にスタッフが関わり続けたことで、「点」が「線」となり、子どもの変化を徐々に引き出せたものである。関わりの積み重ねによって、子どもの安心できる居場所ができ、自己肯定感や自己効力感、学習意欲やコミュニケーション力が高まり、将来に向けて希望をもって歩む力が育まれたと考える。

　本章前半で取り上げたように、困難を抱えた子どもたちや家族のために、地域で活動する人や場所は増加しつつある。アダチベースの取り組みは、その支援者たちの活動を「点」で終わらせることなく、より多くの点と点をつなげ、子どもたちに関わり続ける「線」や「面」にしていくことの重要性を示している。

〔佐渡 加奈子〕

《注・参考文献》
(1) 阿部彩『子どもの貧困Ⅱ ― 解決策を考える』（岩波新書）岩波書店, 2014 年.
(2) 「なくそう！子どもの貧困」全国ネットワーク編『子どもの貧困ハンドブック』かもがわ出版，2016 年.
(3) 末冨芳編『子どもの貧困対策と教育支援 ― より良い政策・連携・協働のために』明石書店，2017 年.

(4) 厚生労働省社会・援護局地域福祉課生活困窮者自立支援室「平成 30 年度生活困窮者自立支援制度の実施状況調査集計結果」

(5) 湯浅誠編『むすびえのこども食堂白書 ― 地域インフラとしての定着を目指して』本の種出版，2020 年.

(6) 認定NPO法人カタリバは、「どんな環境に生まれ育っても、未来をつくりだす力を育める社会」をめざし、2001（平成 13）年から活動を続ける教育NPOである。学校に多様な出会いと学びの機会を届け、社会に十代の居場所と出番をつくるための活動に取り組む。

(7) 事例として取り扱っている内容は、実際に利用している複数の子どもたちの情報を入れ込み、個人が特定できない形としている。

(8) 思春期の年代、特に困窮世帯の子どもは、自己肯定感の低さや、言語化した経験の少なさから、自分の好きなことや、やりたいことを言えない子どもが多く、本音かどうかはわからない部分がある。

《本章をふまえた探究的な課題》

【1】貧困が、なぜ連鎖してしまうのか、その過程を話し合いながら整理してみよう。

【2】あなたの住む地域で実施されている子どもの貧困問題に対する取り組みを題材にして、子どもたちに対する働きかけに関して調べてみよう。

《さらに学びを深めるために》

◎松村智史『子どもの貧困対策としての学習支援によるケアとレジリエンス ― 理論・政策・実証分析から』明石書店，2020 年.

第Ⅲ部　地域教育経営の主体とパートナーシップ

第**8**章

地域づくりに果たす社会教育施設の役割

本章のポイント

　本章では、住民の暮らしと深く結びつき、地域課題、地域自治に向かう学びの場となる社会教育施設として、なかでも公民館・図書館・博物館に注目する。事例を通じて、社会教育施設は、職員など人とのつながりや、情報、資料を通じて住民の学びを支えるとともに、資料収集や運営に関与する住民によって支えられるという循環関係のなかで、住民を地域の担い手として形成し、地域づくりにおいてさまざまな主体が影響し合う歯車となることを示す。

キーワード

社会教育施設　地域課題　地域資源・情報の収集　データベース構築
住民参加　運営における施設と住民との循環関係

---

1. 社会教育施設の理念と法制度

(1) 法制度に基づく社会教育施設の広がり

　地域社会に目を向けると、福祉や健康、自治、教育、環境衛生など人々の暮らしを支える各種の公共施設が設置されている。そのなかでも、学校教育以外の、青少年や成人が行う社会教育活動の場、またそれらが促進される支援の拠点として社会教育施設が設置されてきた。2021（令和3）年度版の「社会教育調査（中間報告）」[1] をもとに作成した**表8-1** からは、現在の社会教育施設・

表 8-1　設置者別の社会教育関連施設数（令和 3 年度）

	計	独立行政法人	都道府県	市	町	村	組合	民法34条法人	その他
公民館 *1	13,163	-	-	9,282	3,272	607	-	2	-
公民館類似施設	635	-	-	425	180	30	-	-	-
図書館 *2	3,400	-	59	2,676	590	53	-	22	-
博物館 *3	1,306	33	175	545	76	6	3	300	163
博物館類似施設 *4	4,465	196	238	2,386	813	141	-	132	563
青少年教育施設	840	28	154	551	90	15	2	-	-
女性教育施設	358	1	44	216	10	1	0	86	-
社会体育施設 *5	45,680	-	3,021	31,980	9,290	1,365	24	-	-
劇場、音楽堂等 *6	1,832	6	96	1,313	281	22	1	-	108
生涯学習センター	496	-	39	354	80	22	1	-	-

出典：文部科学省『令和 3 年度社会教育調査の結果中間報告』より筆者作成（2022 年 7 月 31 日確認）

*1　本館・分館を含む。
*2　本館・分館を含む。
*3　登録博物館及び博物館相当施設の計。
*4　「独立行政法人」には国（157）を含む。
*5　民間体育施設は含まない。
*6　「その他」は私立。

関係施設の種類や設置数、また施設ごとの設置者の違いといった特徴をみることができる。

　人々の生涯学習・社会教育活動を支えるため、社会教育施設が全国的に多様な形態で設置された背景に法的基盤が存在することは重要な点である。日本国憲法、教育基本法を上位法として、1949（昭和 24）年に制定された社会教育法第 3 条では、社会教育の奨励に向け国および地方自治体は「環境醸成」に努める、と規定された。環境醸成として「施設の設置及び運営」が注目されるが、公民館や図書館、博物館の事業や職員の配置の条文に鑑みると、続く「集会の開催、資料の作製、頒布その他の方法」も社会教育施設の役割ととらえられる。

　公民館が社会教育法の半分近くにわたる条文によって規定されていることは、第二次世界大戦後に社会教育実践が展開される場として、公民館に大きな

期待が寄せられていたことを示しているといえよう。実際に公民館類似施設や女性・青少年教育施設など実態に即した項目が設定され調査の精度が上がったとみられる 1971（昭和 46）年以後、最も施設数が多かった 1999（平成 11）年には 1 万 8,000 館超の公民館が運営され、それぞれの地域に根差した活動が展開されてきた。

　また図書館・博物館は「別法をもって定める（第 9 条）」とされ、下位法として図書館法・博物館法が制定された。これらの法律においても、図書館では図書、記録その他必要な資料、博物館では歴史、芸術、民俗、産業、自然科学等に関する資料について、収集・保管・展示して「教育的配慮の下に一般公衆の利用に供し、その教養、調査研究、レクリエーション等に資する」、すなわち人々が自主的・主体的に生涯学習・社会教育活動が行えるよう、場や機会の提供も含む各種事業を行うことが規定されている。ここに社会教育法に通底する環境醸成の理念を読み取ることができる。

　このような法体系の下で人々の自主的・主体的な学習活動の促進に寄与してきた社会教育施設であるが、近年、その制度基盤が揺らいでいる。特に博物館は、2018（平成 30）年に文化行政の一部として総合的・効率的に振興するため、担当所管が文部科学省から文化庁に変更された。2020（令和 2）年に法制化された「文化観光拠点施設を中核とした地域における文化観光の推進に関する法律」（文化観光振興法）では、博物館が「文化資源の保存及び活用を行う施設」に位置づけられた。同法に基づき各地で観光行政による事業が展開される過程で、「文化観光拠点施設」の側面のみ強化されることが懸念される。また、2023 年 4 月に施行される改正博物館法では、上位法に文化芸術基本法が加わった。文化を活用した経済活動・観光への志向がより顕著となり、本章で注目するような博物館を通じた地域づくりや、住民の地域資源の探究・活用を通じた地域課題解決に向かう学びの場といった教育機能の視点の希薄化が危惧される。一方で、地域外の人々の受入れや交流を通じて、住民の新たな気づきや再発見から学びが深化することも期待されることであり、そうした活動の促進もまた新たな博物館の可能性としてひらかれている。

(2) 住民の参加に基づく運営の理念

　社会教育施設は、第二次世界大戦前の反省もふまえ、人々の自由な学習活動を促進するための自治体による環境醸成の理念を背景にして、地域社会に根差し住民の意向やニーズを反映した運営を具体化することが求められてきた。社会教育法体系下では、公民館運営審議会（社会教育法第 29 条）、図書館協議会（図書館法第 14 条）、博物館協議会（博物館法第 20 条）といった具合に、運営における住民の参加の回路が設けられている。文部省社会教育課長として公民館の設置を提唱し、社会教育法の制定に携わった寺中作雄は、「公民館はこれを設置する地域内の住民が参加し支持し協力し得る条件のもとに設置されなければなら」ず、「その為に最も民主的且自主的な組織を持つ公民館の運営審議会を設けて市町村民の世論を少しでも多く公民館の運営に反映せしめんとするもの」と述べている [2]。現在でも、例えば東京都国立市の国立市公民館運営審議会は月に一度開かれ、公民館長からの諮問に応えるため、利用者や住民の視点をもちながら調査や熱心な討議が交わされている。自分たちの学びの場を確保・充実すべく運営に寄与しようとする住民と、住民の期待と信頼を得ながらその声を運営に反映させ、社会教育実践を積み重ねようとする公民館職員とが、まさに車の両輪となり民主的な運営がなされている実態がうかがえる。

　ただし公民館運営審議会を規定する条文は、1999（平成 11）年に改正され必置から任意設置となった。運営への住民参加の回路の狭隘化という見方もあるが、後述するように社会教育施設が多様な運営形態をもつなかでも、住民の意見を反映すべきという理念は保持されている。住民が当事者として社会教育施設の運営に関与することで社会参加・地域の自治をつくる学びを展開し、設置者・施設運営者は住民の暮らしや学びに寄り添い応えるといった「学びの場」を挟んだ相互関係が生起する。この関係自体が社会教育施設の特徴である。

2. 社会教育施設の設置・運営をめぐる動向

(1) 指定管理者制度の導入の課題

　法制度を基盤に地域の実情に応じて、全国で多様な形態で設置されてきた社会教育施設であるが、その設置・運営については 1990 年代以降の地方分権・自治体改革の動きのなかで大きな揺らぎが生じている。

　その一つが指定管理者制度である。この制度は、2003（平成 15）年の地方自治法改正により、「住民の福祉を増進する目的をもってその利用に供するための施設」である「公の施設」の運営に民間活力を導入し、効率的・効果的な運営を促進するため、「設置の目的を効果的に達成するため必要があると認めるとき」に指定管理者に管理させることができるとしたものである。それまで運営主体となることができた地方自治体や、自治体出資の法人以外にも、民間企業や NPO（市民活動団体）なども運営者になることができること、また、それぞれの施設に応じて指定管理期間が設けられることが特徴である。特に公

表 8-2　社会教育施設における指定管理者制度の導入状況（令和 3 年度）と導入率の推移

| | 施設数 | 公の施設数 | 導入施設数 | うち、指定管理者 | | | | | | 導入率（%） | | | | | |
				地方公共団体	地縁による団体	社団法人財団法人	会社	NPO	その他	2005	2008	2011	2015	2018	2021
公民館	13,163	13,161	2,097	3	464	289	880	30	431	3.3%	8.2%	7.9%	8.1%	9.2%	15.9%
公民館類似施設	635	635	171	1	31	32	38	12	57	9.4%	21.0%	22.0%	22.5%	24.5%	26.9%
図書館	3,400	3,378	704	0	4	65	556	42	37	1.8%	6.5%	10.8%	15.6%	18.9%	20.8%
博物館	1,306	808	214	0	0	153	50	5	6	7.8%	19.0%	21.8%	23.9%	25.9%	26.5%
博物館類似施設	4,465	3,574	1,100	16	47	498	264	83	192	16.7%	27.8%	29.9%	31.1%	31.2%	30.8%
青少年教育施設	840	812	376	4	17	131	109	59	56	16.7%	33.5%	38.5%	41.0%	42.5%	46.3%
女性教育施設	358	271	98	0	2	37	13	21	19	7.7%	27.8%	31.8%	34.1%	35.8%	36.2%
社会体育施設 *1	26,660	-	-	67	473	3,904	3,945	1,307	1,524	-	-	-	-	-	-
劇場、音楽堂等	1,832	1,724	1,033	5	3	537	346	53	89	33.2%	50.2%	53.7%	57.7%	58.8%	59.9%

出典：文部科学省『令和 3 年度社会教育調査の結果中間報告』および『社会教育調査報告書』平成 17、20、23、27、30 年度版より作成（2022 年 7 月 31 日確認）
*1　「社会体育施設」の施設数は、指定管理団体数。

民館・図書館・博物館に導入されるにあたっては、利用者のみではなく潜在的利用者でもある住民を対象とした公共性をもつ施設・事業運営ができるか、住民や関係機関との信頼関係の構築や長期的・計画的な資料の収集・保管、およびそれを担う専門職員の確保や安定的な雇用が可能かなど、課題は枚挙にいとまがなく「社会教育施設に指定管理者制度の導入はなじまない」といわれてきた。

しかし、導入開始以降、館種ごとに導入状況や指定管理者となる団体に特徴をもちながら、各地の自治体で課題に対応させた独自の運用がなされ、一定の定着が図られている。現在の指定管理者制度の導入状況および導入率の変化は表8-2のとおりである。

(2) 首長部局移管・公共施設再編下での教育機能の再考

また、人口減少や超少子高齢化を背景としてさまざまな社会的課題が生じるなかで、社会教育施設のみならず公共施設にどのような役割を期待するか、どの施設・機能を維持し、効率的な運営を図っていくかといった点を中心に、自治体の経営戦略が展開されている[3]。

その一つとして、従来の社会教育施設は教育委員会が設置・運営することを前提としてきたが、生涯学習・社会教育担当課を首長部局へ移管させることで、教育行政の枠にしばられることなく、地域づくりや生涯学習の推進を行おうとするものがある。これに伴い、公民館をコミュニティセンターとし、福祉や防災、自治といった地域活動の拠点として機能させる動きが各地でみられてきた。また図書館・博物館についても、自治体の都市計画やにぎわいづくり、観光政策と関連づける施策や取り組みも増えている。2019（平成31）年の第9次地方分権一括法を受けて改正された社会教育法、図書館法、博物館法により、自治体の判断で、条例に基づき首長部局も公立社会教育施設を所管することが可能になり、こうした動向がさらに加速するとも考えられる。

もう一つの動きとして、総務省が2014（平成26）年に全自治体に対して自治体の財政悪化や施設の老朽化などを背景に、経営戦略的観点から「公共施設等総合管理計画」の策定を要請したことがある。これにより自治体は、保有す

る建物・設備・土地・環境などを総合的に管理することが求められるように
なった。このことにより、社会教育施設が地域社会の歴史的・文化的・社会的
背景と共鳴しながら住民の学びをつくってきたこと、およびそれぞれの施設が
もつ固有の役割・機能が等閑視されてしまうおそれがある。

　このように従来、教育法規を基盤としてきた社会教育施設に対して、教育と
は異なる文脈からの政策や指針が出され地方自治体が追随する傾向がみられ
る。この状況下で、これまで培われてきた社会教育施設と地域社会・住民との
相互関係による民主的な運営により築かれる人のつながりや地域の情報・資料
の蓄積、それがまた人々の学習に結びつくといった循環をいかに保持していく
かが問われている。社会教育施設の教育機能を実質的に生み出す運営はいかに
してなされるか、次節では、図書館・博物館・公民館の各施設の機能をとらえ
ながら、地域課題に向き合い住民の学びを通じて地域づくりを行う実践を紹介
する。

3.　社会教育施設を拠点とした地域づくりの実践

(1)　地域課題を掘り起こし住民の暮らしと学びを支える図書館

　1970（昭和 45）年に日本図書館協会から刊行された『市民の図書館』によ
り、図書館運営は「貸出」「児童サービスの充実」「全域サービス（移動図書館
など）」を柱に定着が図られた。さらに 2006（平成 18）年の「これからの図
書館像 ― 地域を支える情報拠点をめざして（報告）」（これからの図書館の在
り方検討協力者会議）では「課題解決型図書館」という図書館像が提起され、
住民の暮らしの役に立ち、地域の課題解決に向かう施設の実現がめざされてい
る。

　例をあげると、岩手県紫波町では、駅前に広がっていた町有地に対して「公
民連携」すなわち町と民間事業者、そして町民が協力して開発・運営する「オ
ガールプロジェクト」を展開してきた。これは広場を中心に町役場や子育て支
援センターなどの公共施設、産地直売所、そして居酒屋・カフェやクリニック
などが入居する民間テナントなどが並ぶ複合施設を一体的に運営しようという

もので、その一角に紫波町図書館は設置されている[4]。このことは図書館への来館が目的でなかった人にとっても足を踏み入れる機会となり、また図書館に来た住民が広場で開催されているイベントに参加するなど、施設間の相互作用がある。産地直売所で町内の農家が生産した野菜の消費や地域産業としての農業への理解を促すため、レシピ本を紹介するポップを図書館が作成し、図書館入り口にそのレシピ本コーナーをつくるなど、導線も積極的に作られている。

　また紫波町図書館は、1、2か月に一度更新される「テーマ展示」やイベント、講演会などにより、その時々に住民が求める地域課題を掘り下げ、住民とともに理解を深める事業を行っている。例えば、町の特性から農業支援を行おうと、農業従事者を対象として地区公民館を会場にDVD視聴会や講習会などを開催してきた。近年になって獣害に悩む声が聞かれたことから、獣害対策を取り扱った勉強会の開催や、役場の担当部局や専門家とつなぎ助言や協力を得られるようにするなど、住民の問いに向き合い続けている。またコロナ禍ではデマに惑わされず正しい情報の見極め方が必要と、「情報リテラシー」をテーマに情報収集の仕方や情報をもとに自ら思考する方法について、専門家にインタビューを行って展示にしたり、テーマに関連する図書の紹介を行った。

　これらの事業を企画・実施する際、司書らは図書紹介だけでなく、必ずインタビューやアンケートを通じて、町内外問わずその情報に精通する住民や関係機関から生の情報を得て発信する。それらの情報源には、住民個人や学習サークル、企業、若者サポートステーションや社会福祉協議会といった関係機関、役場の各部局など暮らしや地域づくりに関わるすべての住民・機関がなりえる。こうして紫波町図書館は情報を集めるなかで住民や機関との信頼関係を構築し、人と情報のネットワークの糸をつなぎ、その網の目をより細かくしてきた。

　図書館は、住民に図書などの貸出しを通じて読書や学びのある「日常」を提供する場でもあるが、課題解決型図書館ではさらに、地域の課題に目を向けながら情報を収集し、住民と情報そして情報をもつ人や関係機関を結びつけ、得られた情報と人のつながりを蓄積する。情報提供の求めに応じる関係機関や行政の諸部局も、図書館から発信される情報は地域の課題・暮らしの課題として

住民に効果的に伝わることを認識し提供する。住民は、図書館で暮らしや学び
に役立つ情報を得るだけでなく、地域の一員として情報を提供する側にもな
る。こうして図書館は情報のハブ（結節点）となりながら、人と情報、人と
人、そして知の循環と積み重ねを創出し、住民が地域づくりに参加する入口と
して、また地域解決に向かい合う住民の情報拠点として機能している。

(2) 生涯にわたる学びの場とシビックプライドの醸成をめざす博物館

　岐阜県美濃加茂市の美濃加茂市民ミュージアムは、2000（平成 12）年の設
立以来、特に市内小・中学校の年間指導計画に博物館の利用を位置づけてきて
おり、博学連携の実践例として注目されている [5]。市内小・中学校の教員と博
物館関係職員を構成員とした「文化の森活用委員会」における学習活動上の工
夫や運営についての議論のもと、市内の小学生は、社会科や理科、国語科など
の授業の一環として年に 1 回来館し、博物館の学習係やさまざまな年代の学
習支援ボランティアといった「人」、展示物や収蔵資料（「もの」）、「もの」に
付加されている情報や解釈、価値（「こと」）、そしてこれらに関わり合いなが
ら体験活動を行う「場」を活用し、博物館でしかできない発見や感動、知恵や
技術の気づきを生み出してきている [6]。

　20 年にわたる学校教育との連携の蓄積は、美濃加茂市の教育の特徴であ
る。おりしも 2020（令和 2）年度から改訂された小学校学習指導要領では、
図書館や博物館などの利活用も含め、地域社会と関わりながら主体的・対話的
で深い学びを進めることが求められている。美濃加茂市民ミュージアムでは、
子どもも「市民」ととらえ博物館を使って学ぶ力を育成すること、特に学校利
用の際は、博物館が地域に関する資料・情報にアクセスでき理解や学びを深め
られることや、大人もボランティアだけでなく展示や講座・ワークショップな
どさまざまなニーズで利用できる場であることを認識できる機会とするなど、
内容や視点を転換してきた。また学校利用以外でも親子参加での講座や中学生
ボランティア・職場体験の受け入れなどを通じて、住民の成長と暮らしに寄り
添い、生涯にわたって学び続けられる場として博物館が役割を果たしてきてい
る。

　さらに今日では、博物館の機能が活用されることで住民による地域づくりが促されようとしている。例えば、地区で組織されているまちづくり協議会に地域資料の情報を提供したり、市の広報誌に「バス停からの小さな旅」を連載し、まだ価値づけされていないが地域の歴史や文化を語るものや、住民が記憶を共有する風景を発信するとともに、それらをデータベース化し、住民が地域資源・地域課題に着目する契機となるよう試みている。また2020（令和2）年に改善された常設展では、〈ヨンデミテ〉〈イッテミテ〉など地域資料やそれに関わった人に思いをはせたり、資料に関わる地域に赴き探究を促すキャプションが散りばめられるなど、地域資料に住民がアクセスしやすい環境が整えられてきた[7]。

　これらを通じて博物館が住民に期待することは、「シビックプライド」の醸成である。つまり地域に対して誇りと主体性、当事者意識をもち、住民自身が未来の地域社会を創造しようとする意識や行動を育もうとしている。そのため、学びを展示室で完結させるのではなく、展示室や展示資料をデータベースにアクセスしたり、現場（フィールド）に赴くきっかけとして位置づけている。そして子どもから大人まで生涯にわたって、「人」「もの」「こと」「場」に出会う機会を創出しながら、自らが暮らし、生きる地域社会に目を向け探究する住民を増やそうとする取り組みが展開されている。

(3) 地域課題に向かい合い議論を通じて地域自治を実現する公民館

　青森県黒石市では、社会教育を「生涯学習」「まちづくり」推進の基本として重要視してきたが、市の財政難により2007（平成19）年から地区協議会が指定管理者となり公民館を運営している。1970年代より1小学校・1地区協議会（コミュニティ活動）・1公民館（社会教育事業）で地域づくりが進められてきたため、公民館からの職員の引き上げと指定管理者制度の導入により地域自治の衰退が懸念された。この課題に対し、黒石市では公民館の運営をただ地区協議会に委ねてしまうのではなく、委託後も社会教育課が地域支援として、主として公民館職員を対象とし、研修・情報交換を手厚く実施してきた。これにより住民の対話や行動を促し、地域課題に向かい合い解決する地域運営のコー

ディネーターとしての公民館職員の力量形成を行ってきた経緯をもつ[8]。

　しかし、人口減少・少子高齢化を受け、2019（平成 31）年度をもって市内の 10 小学校が 4 校にまで統合されたことで、地域運営を行ううえで有力な関係機関であった小学校が存在しない地区、そして地区を越境して通学する子どもたちが出現してきた。これに対し、社会教育行政の支援・助言を受けながら、公民館を拠点に地域課題に向き合い解決に動こうとする住民の力量形成と持続可能な学校支援の体制づくりとして、次の二つの動向が注目される。

　一つめは、2018 年度から社会教育課が市内 10 館の公民館のうち年に 2 か所、3 回ずつ入り、公民館職員、地区協議会、その他住民とともに地域課題解決のシミュレーションを進める「地域力向上事業」である。1 回めのワークショップでは小グループに分かれ公民館職員のファシリテートで地域課題を出し合い、後に社会教育主事によってグループで出された課題が地区の課題としてまとめられる。2 回めでは、その課題の原因究明や今後の方策について、3 回めは誰がいつまでに実行するかといった計画を練り上げる。住民は地域課題について建設的な議論に関わり、解決に向けた計画が導き出される臨場感のなかで「こうやればいいんだ」という手応えを得たり、公民館で自分たちが課題共有や解決を行おうと意識化したりする。また公民館職員にとっても、住民の声をもとに課題を明確化し、解決のための具体策や実行につなげていくスキルを身につけることが企図されている。コミュニティセンターなどで策定が求められる地域づくり計画とは異なる、自治をつくる学びとなっているといえる。

　二つめは、持続可能で無理のない地域学校協働活動の体制づくりをするため学校と地域が連携してきた蓄積を糧にしながら、小学校がなくなった地区でも学校とつながり続けられる仕組みづくりを行っていることである。黒石市では、4 年にわたって統廃合後の小学校ごとに学区内の公民館・地区協議会・学校との議論の場を設け、住民自身で活動内容やリーダー・協力団体の選定を行ってきた。そして学区内で小学校が設置されている地区に「本部」、そうでない地区に「支部」を置き、当該の地区協議会長が「本部長」「支部長」となり、それぞれの地区から学校に協力・支援する社会教育関係団体・個人を選出する仕組みを編み上げてきた。これは、従来の地区協議会と公民館運営の上に、地

域学校協働活動を重ねていこうとする「複層性」をもつ仕組みである⁽⁹⁾。

公民館は本部／支部を兼ねる地区側の事務局となり、橋渡し役を担っている。月に一度、校長室に学区内の公民館職員たちが集い相互の支援・協力事項を聞き合い実行に移したり、地区に持ち帰って検討したりする体制をもつ学区も出てきた。このように地域学校協働活動の運営を通じ地区と学校が協力するのみならず、学区内の公民館同士で連携し社会教育事業を共同で行うなど、子どもたちが相互の地区を行き来できる緩やかで機動力のある体制が構築されている。

社会教育施設の運営への指定管理者制度の導入には、館種ごとの公共的役割や専門性、地域特性などに十分配慮する必要がある。しかし設置者の意向や所管する行政部局からの働きかけ次第では、指定管理者制度を逆手にとりながら、学びを通じて地域自治の担い手育成や住民主体の地域づくりへと結びつける方途もある。黒石市では地区協議会が中心となり、住民が集い、学び、地域をつくる拠点として公民館を運営してきた。そして少子高齢化・担い手不足といった課題を共有し、公民館運営も組み込みながら、住民が主体的に参画できる持続可能な地域運営の体制をつくり、地域自治の具体化に向け模索を続けている。

4. 住民の学びと地域づくりを支える社会教育施設の役割

本章では、施設の特性を生かしながら学びを通じて地域課題に向き合う住民と地域づくりを支える社会教育施設について、公民館・図書館・博物館の事例に即しながら現代的な役割を検討してきた。ポイントとして次の三点が浮かび上がる。第一に、住民と社会教育施設とが相互に影響を及ぼし合い、循環関係を築くことで、持続的な運営が可能となり市民の学びと地域づくりの歯車となることである。二点めに、社会教育施設の事業・運営にあたり、住民の暮らしの視点に基づき持続可能な地域運営に向けた課題設定を行い、実現に向けて関係機関や地域人材を巻き込みながら教育実践を行うことである。三点めに、住民の学習資源、そして未来の住民の学習権を保障することもふまえ、地域資料

や情報の収集・保存を行い、住民が容易にアクセスできるデータベースとして
構築していくことも、社会教育施設の役割にあげられる。

〔生島 美和〕

《注・参考文献》
(1)「社会教育調査」は、国民生活に重要な関係をもち基本政策の基準となる指定統計の一つ
　　として、およそ3年に一度実施されてきている。
(2) 寺中作雄『社会教育法解説・公民館の建設』国土社，1995年（復刻版）.
(3) 社会教育推進全国協議会『社会教育・生涯学習ハンドブック 第9版』エイデル研究所，
　　2017年，pp.508-517.
(4) 猪谷千香『町の未来をこの手でつくる ― 紫波町オガールプロジェクト』幻冬舎，2016年.
(5) 新藤浩伸「博物館構想の展開と地域学習」佐藤一子編『地域学習の創造 ― 地域再生への
　　学びを拓く』東京大学出版会，2015年，pp.207-212 ほか。
(6) みのかも文化の森／美濃加茂市民ミュージアム「活用の手引き・活用実践集　令和2年度
　　版」2021年.
(7) 可児光生「2020年常設展示室『もよう替え』 ― 展示品の先の世界へいざなう」『美濃加
　　茂市民ミュージアム紀要』第20集，2021年，pp.40-49.
(8) 生島美和「住民主体の地域運営と公民館」手打明敏・上田孝典編『〈つながり〉の生涯学習・
　　社会教育』東洋館出版社，2017年，pp.39-52.
(9) 丹間康仁「学校統廃合を契機とした地域づくりの展開 ― 公民館による地域教育体制の再
　　構築」日本社会教育学会編『地域づくりと社会教育的価値の創造』東洋館出版社，2019年，
　　pp.95-108 参照。

《本章をふまえた探究的な課題》
【1】あなたが暮らす地域の社会教育施設を訪ね、講座や事業に参加してみよう。また利用者の
　　様子や利用方法を観察することで、その施設が地域社会でどのような役割を果たそうとし
　　ているかを考えてみよう。
【2】自分が面白い活動を行っていると感じた社会教育施設について、設置条例や自治体の諸計
　　画での位置づけをみることで、その目的・方針を調べてみよう。

《さらに学びを深めるために》
◎牧野篤『公民館はどう語られてきたのか』東京大学出版会，2018年.
◎東京社会教育史編集委員会編『大都市・東京の社会教育 ― 歴史と現在』エイデル研究所，
　2016年.

第**9**章

地方創生・地域づくりの政策と住民自治組織の役割

本章のポイント

　本章では、1970 年代以降の地域社会に関する政策の変化をふまえ、地域自治組織や地域運営組織に関する政策の動向と課題をまとめる。続いて、長野県飯田市の公民館と地域自治組織を事例にして、地域の関係性を育む役割と、地域づくりを住民主体で進めるために当事者意識を育む方法をまとめる。具体的には、住民自治の風土を育む組織づくりや、行政による伴走型支援、行政と住民とを「橋渡し」する職員の役割を明らかにする。

キーワード

コミュニティ政策　地域自治組織　地方創生　地域運営組織　地域づくり
当事者意識　公民館　伴走型支援

---

1. 地域社会を対象にした政策の変遷

(1) 1970 年代〜 1980 年代のコミュニティ政策の特徴

　第二次世界大戦後、地域社会（コミュニティ）に政策上の焦点が当てられたのは 1970 年代のことである。この端緒となった 1969（昭和 44）年の国民生活審議会調査部会コミュニティ問題小委員会報告「コミュニティ ― 生活の場における人間性の回復」では、高度経済成長期に生じた産業化や都市化に伴う矛盾を、「コミュニティ」という新たな集合体を創り出すことで解決しようとする方法が示された。

　政策の具体化に向け、自治省は 1971（昭和 46）年に「コミュニティ（近隣社会）に関する対策要綱」を定め、全国でモデル地区を指定した。この政策では、各地域にコミュニティセンターと呼ばれる集会施設を建設し、コミュニティ協議会や運営委員会などの新たな住民組織に管理・運営を委ね、住民による自主的活動の展開を期待した。また、従来の地域の有力者でなく、特定の生活領域で専門性を発揮する「有限責任型」のリーダーを求めた。社会教育には、リーダーとしての指導性や素養、技能を身につける訓練や、その基礎となるグループ活動に関するプログラム提供が期待された。その後も「コミュニティ推進地区」や「コミュニティ活性化地区」が指定され、地域づくりの活動や文化的なイベントへの支援など、地域社会の活性化に向けた取り組みが行われた。

　この時期のコミュニティ政策では、地域社会の諸課題を住民自身が解決していく基盤整備に重点が置かれたが、新たに設置された住民組織に公的権限が与えられなかったこともあって、地域課題解決への志向性が弱かったことが指摘されている。他方で、この時期に各地域で地域づくりの拠点整備が進み、ボランティア活動の拡大へとつながったことは肯定的に評価されている[1]。

　以上の 1970 年代の政策が、包括型のコミュニティづくりをめざしていたとすれば、1980 年代以降は、まちづくり・地域福祉・防災・生涯学習など、各自治体の掲げるテーマに特化した「テーマ型コミュニティ」の形成が重視された点に特徴がある。このなかで、住民参加を担保する自治体独自の制度設計が進められてきた。

　例えば、1970 年代から 1980 年代にかけて、革新自治体を中心に、自治体独自のコミュニティ政策がみられた。このような動きは、東京都三鷹市の住民協議会や、目黒区の住区住民協議会、中野区の住区協議会など、都市部の住宅地を中心に展開された。1970 年代のコミュニティ政策のように活動の拠点となる施設の自主的な管理運営を行うだけでなく、地区レベルの行政計画に関する議論や、地区内での合意形成を行い、行政への提案を積極的に行う動きも生じた。

　また、都市計画分野では、まちづくり条例に基づく住民組織の設置が進んだ。1980（昭和 55）年の都市計画法の改正に伴う地区計画制度や、建築基準

法における建築協定の手法に関連づける形で、住民参加のまちづくりを基本理念とする条例制定が行われた。代表例とされる兵庫県神戸市や東京都世田谷区では、まちづくり協定や地区計画を締結する際に、そのカウンターパートナーとなるまちづくり協議会を設置する動きが進んだ。

　さらに、地域福祉の分野では、小学校区を基本的な単位としつつ、地域住民が、自主的に地域福祉課題を解決するための住民組織を設立する動きがみられた。例えば福岡県北九州市では、公民館を市民福祉センターの「二枚看板」として、まちづくり協議会という住民自治組織を設置し、地域福祉の取り組みを推進した。また、兵庫県宝塚市では、自治会を基盤にしてボランティア団体などを巻き込み、まちづくり協議会の組織化を進めた。同市では社会福祉協議会の活動との相乗効果もあり、市内全地区での組織化が進んだ。

(2) 1990年代以降の「コミュニティの制度化」

　さらに、1990年代後半から2000年代に進められた市町村合併が、地域社会に関する新たな政策の導入へとつながった。明治・昭和の大合併を通じて再編された市町村の単位は、この時期の「平成の大合併」において、三度めの大きな転換期を迎えた。1999（平成11）年に3,229存在した市町村の数は、2012（平成24）年4月時点で1,719となり、この約10年の間に合併が大きく進んだ。市町村合併では、財政上の効率性を高め、適正な職員配置や公共施設の統廃合を進めることで、住民へのサービス向上がめざされたが、周辺部の旧市町村では活力が失われ、住民の声が届きにくくなるなどの負の影響もみられた。

　この市町村合併と並行して進められてきたのが、「都市内分権」と呼ばれる動きである。2003（平成15）年の総務省の第27次地方制度調査会の「今後の地方自治制度のあり方に関する答申」において、基礎自治体の広域化に対応するための地域自治組織の設置が提言された。この制度は、自治体内の一定の区域を単位として、住民自治の基盤となる組織を設置し、自主的に運用できる交付金などの財限や、一定の権限を付与するものである。この答申を受けて、地方自治法などの改正が行われ、2004（平成16）年に地域自治組織が導入された。

　地域自治組織の導入と並行して、1990 年代以降、自治体独自の条例や要綱に基づき、地域課題の解決のための包括的な住民協議会を設置する動きも進められた。三重県伊賀市や名張市、兵庫県朝来市などがその代表例である。これらの自治体では、住民自らが地域課題の解決を行うことや、自治会などの既存の住民組織の活動を補完し地域の活性化を図ること、地域の多様な意見を集約して市政に反映させることなどを目的に、協議会型の住民組織を設置した。

　地域社会の自治に関する政策を研究する名和田是彦は、1990 年代以降に進んだこれら一連の動きを「コミュニティの制度化」、つまり、法律や条例により地域社会に制度的な位置づけを与える動きととらえた[2]。そして、「コミュニティの制度化」において、「参加」よりも「協働」の色彩が強くなったと述べている。ここでの「参加」とは政策立案・実施・評価の過程に市民が関わることを指し、「協働」とは自治体内の公共サービスを、行政とともに提供する責任や義務を果たすことを示す。「コミュニティの制度化」により、各自治体で住民が「参加」や「協働」に関わる制度設計をどのように具体化するかが重要な政策課題になった。

2.　地方創生・地域づくりに関する政策の展開

(1)　人口減少と地方創生政策

　2000 年代には、前節で取り上げた法律や条例による「コミュニティの制度化」と前後して、各省庁で地域社会の活性化に焦点を当てた政策が実施された。内閣府の「エリア型コミュニティ」と「テーマ型コミュニティ」という二つのコミュニティに関する議論（2005 年）、総務省の「地域協働体」に関する提言（2009 年）、国土交通省による「地域活性化戦略」（2006 年）、厚生労働省の「地域包括ケアシステム」に関する提案（2009 年）などがその例である。

　これらの政策に続き、2010 年代中頃からの地方創生政策のなかで、中山間地域における日常生活の維持を目的として、医療・介護・福祉や、買い物、公共交通、教育などの生活サービス機能を集約して提供する「小さな拠点」の設置がその柱に位置づけられた。この「小さな拠点」の実現のために、地域課題

の解決に向けた取り組みを持続的に実践する組織である「地域運営組織」の設立も政策的に推進された。「小さな拠点」や地域運営組織は、その設置数が重要業績評価指標（KPI）の一つに掲げられ、地方創生における重点施策となった。

　地方創生政策の直接的な背景には、2014（平成 26）年 5 月に日本創成会議の人口減少問題検討分科会が、2040 年までに消滅可能性のある自治体をあげたことがある。この「増田レポート」と呼ばれる報告書では、2010（平成 22）年の国勢調査に基づき、2040 年時点で 20 〜 39 歳の女性人口が半減する自治体を「消滅可能性都市」とみなした。該当する市町村は、全国約 1,800 のうち約半数の 896 自治体にのぼり、その関係者に大きな衝撃を与えた。

　ただし、地方部での人口減少はその前から進んでいた。2019（平成 31）年 4 月時点で、過疎地域に指定された自治体数は 817 にのぼり、全市町村の約 5 割を占めていた。過疎地域が日本の総面積に占める割合は 6 割に近いが、その人口は 1,088 万人と総人口の 1 割に満たない。このなかでも、中山間地域と呼ばれる山間地や林野地などの居住条件が厳しい地域が過疎地域の大半を占める[3]。

　人口減少だけでなく、地方部、特に中山間地域では、「人」「土地」「むら」の三つの「空洞化」が進んできた[4]。「人」の空洞化とは、若年層の流出に起因する集落の高齢化・過疎化を指し、1970 年前後から徐々に進んできた。このような過疎化による社会減少だけでなく、1980 年代中頃からは、人口の自然減少も進んだ。この人口減少の影響で、担い手不足により農林業的土地利用が減少する「土地」の空洞化も進行した。さらに、この「人」や「土地」の空洞化が、集落機能の脆弱化という「むら」の空洞化を引き起こした。さらに、より深い問題として、「誇り」の空洞化、つまり「地域住民がそこに住み続ける意味や誇りを見失いつつある」事態も進行してきた。地方創生政策では、人口減少の問題だけでなく、これら四つの「空洞化」の問題に対処することが求められた。

(2) 住民主体の地域づくりの実践と地域運営組織の組織化

　地方部の人口減少の動きに抗するように、1990 年代後半から、地域住民が主体となり、各地域の資源や関係性を生かして農山村・中山間地域を活性化する取り組みがはじまった。これらの地域では、上記の「空洞化」の状況を逆手にとり、高齢者や女性を主な担い手として、地域づくりや集落営農の活動を進めた。

　例えば、徳島県上勝町では、農業協同組合の職員が中心となり、料理の「つまもの」となる葉や花を商品化する「葉っぱビジネス」が展開された。葉や花を栽培・採集してパックに詰める仕事は、軽量で負担が少なく、見た目も美しく、作業が地道にできる点で、女性や高齢者に適した仕事であった。事業が本格化するにつれて、住民全員が忙しく働くようになり、地域の医療費の削減にもつながった[5]。高齢者の意欲を引き出す働きかけや、切磋琢磨できる環境を創り出した点で、この取り組みは高齢社会における地域活動のモデルとされる。

　また、鹿児島県鹿屋市の柳谷集落、通称「やねだん」も、行政に依存しない地域づくりを進めたことで有名な事例である[6]。自治公民館長が中心になり、遠方に住む子や孫からの手紙の代読や、集落のボーナスを手渡しする際の声かけなど、住民の意欲を引き出す仕掛けを行い、当初は反対していた住民も巻き込み、住民総参加の地域づくりを実現させた。町有地の工場跡地の整備や、休耕地を活用したサツマイモ栽培によって自主財源を生み出し、この財源を用いて、小中学生を対象とした「寺子屋」の開催や、高齢者世帯を対象にした警報装置や防犯ベルの設置など、教育・福祉に重点を置いた取り組みが展開された。

　地方部や中山間地域におけるこれらの動きは、「新しい農山村コミュニティ」の形成をめざす動きとされる[7]。このコミュニティは、住環境の維持管理や親睦を中心とした従来の住民組織と一線を画し、教育・福祉・防災・経済活動・地域づくりを一体化して進める「総合性」や、女性や若者の参画による「革新性」、住民が当事者意識をもって「手作り」で取り組む姿勢などを特徴とする。

　地域運営組織は、この「新しい農山村コミュニティ」の先進事例を参考に政

策的な組織化がなされたものである。この組織には、地域課題を共有して解決方法を検討する協議機能と、実際の課題解決に向けた取り組みを行う実行機能が期待されている。組織化の際には、町内会・自治会や地縁型組織を再編し、福祉や教育、防災の取り組みを一体的に運営する例や、株式会社やNPO法人などを組み合わせて各地区に最適な形で課題解決を図る例がみられる。地域運営組織の代表的な活動内容は、高齢者の交流サービスや声かけ・見守り、多世代の体験交流、公共施設の維持・管理、地域のイベント運営、防災訓練などである。

　もともとの地域コミュニティの組織の性格を引き継ぎ、地域運営組織が生涯学習や社会教育の活動に関わることも少なくない。通学合宿や、農村と都市との交流事業など、子どもや青少年に体験活動の機会を提供する例や、放課後児童クラブや子育てサロンの運営により子育て世代への支援を行う例がみられる。また、高齢者を対象に生涯学習と介護予防を一体化した事業を展開したり、コミュニティカフェや地域の食堂などの交流拠点の運営を行ったりする例も存在する。さらに、現在の組織のリーダーや役員とともに活動しながら、取り組みの姿勢や組織運営を学べる仕組みを整え、次世代の担い手を育む組織もみられる。

　地方自治体では、この組織の活動を支援するため、一括交付金の支出や担当職員の配置などを行っている。国も、内閣府の地方創生推進交付金をはじめ、総務省や農林水産省、国土交通省などの各省庁から交付金・補助金を支出している。地域運営組織は、これらの交付金・補助金を主要な財源としつつ、会費や収益事業、寄附金などによる財源の安定化を図っている。さらに、国では財政上の支援だけでなく、地域おこし協力隊や集落支援員などの支援人材の確保や、組織の立ち上げ・運営に関する研修用テキストの刊行も行っている。

3.　住民主体の地域づくりに向けて ― 長野県飯田市の事例から ―

　ここまでみてきたような、「コミュニティの制度化」や、地域運営組織の導入は、人口減少や少子高齢化が進む地方部で、行政による公共サービスが後退するなかで、それに代わり、住民自らの手で地域の課題解決を行うことを推進するための仕組みの例である。しかし、これらの地域では、第 1 章でふれたように、人口減少や少子高齢化に伴う地域づくりの担い手不足の問題や、町内会・自治会や青年団・婦人会・PTA といった既存組織に加入しない「脱組織化」の問題に直面しているため、活動の立ち上げや、その持続性において、大きな課題を抱えている。なかでも最大の問題は、行政や専門職が関わり、課題解決のための新たな組織を立ち上げても、住民の主体性や当事者意識を引き出すことが難しいことである[8]。この問題を解決するには、単に組織を形づくるだけでなく、地域の成員を徐々に巻き込み、当事者意識を育むエンパワメントに向けた仕掛けが必要になる。

　本節では、住民主体の地域づくりを実現する方法について、長野県飯田市の公民館とまちづくり委員会（地域自治組織）を例に、その要点をまとめる。飯田市は、人口約 10 万人の地方都市で、住民主体の地域づくりや、公民館活動が活発なことで有名な自治体である。例えば、毎年 8 月に開催される人形劇フェスタは、公民館の文化委員会を中心に、地区ごとに実行委員会が組織化され、市内分散方式での公演を実現している。また、太陽光発電や小水力発電といった再生可能エネルギーの導入にも積極的で、その基盤には公民館が育む地域社会の関係性や助け合いの規範（社会関係資本）の存在があるとされる。飯田市において，地域づくりの活動を支えるのは、地域の企業や市民が「主役」となるよう，自治体が後方支援する（「黒子」になる）姿勢にあるとされる[9]。この地域づくりの「飯田モデル」を成り立たせている条件を、以下では取り上げる。

(1) 公民館活動が育む地域の関係性⁽¹⁰⁾

　飯田市では、数度にわたる市町村合併のなかでも、旧町村単位の地区公民館を維持してきた。同市の公民館は、「地域中心」「並立配置」「住民参画」、および「機関自立」という四つの原則のもとで運営されており、乳幼児から高齢者までの全世代を対象に講座・学級を開催し、サークル・グループ活動の支援を行っている。この行政が所管する地区公民館と別に、市内には約100の分館が存在する。分館では、住民が主体となって、各集落単位での文化展や芸能祭、体育大会やニュースポーツ大会などを開催している。さらに、分館役員は、地区公民館の運営にも積極的に関わっている。分館活動と、地区公民館における文化・体育・広報・育成といった専門委員会の活動は、住民主体の活動の根幹をなす。

　このような公民館活動は、以下の三つの点において、住民の間の、あるいは住民と市職員との間の水平的な関係性（横のつながり）を豊かにすることに大きな役割を果たしている。第一に、地域づくりの担い手を継続的に育てる役割をもつ。地域の壮年団や消防団、婦人会、PTA などの地縁型組織の活動を通じて形成された人間関係は、分館役員を選ぶ際に参考にされ、これらの役員は、地区公民館の役員や各部の部員も兼ねる。つまり、地縁型組織の活動を基礎にして、分館活動、地区公民館の活動が積み重ねられていく「三層構造」が存在する。さらに、まちづくり委員会の役員には、地区公民館や分館活動の経験者が少なくない。このように、地域の団体活動から分館活動、そして地区公民館の活動、地域自治の活動に、徐々に住民を巻き込む仕組みが存在する。

　行政職員にとっても、このような地域の重層的な関係の構造が重要となる。地区公民館に配置されている公民館主事は、それまで十分に地域での経験を積み重ねてきた役員や専門委員会の委員とともに活動することで、「住民に巻き込まれる」経験を積み重ねていく。このような濃密な経験のなかで、主事は、地域づくりを支援するための姿勢や能力を会得していくことができる。

　第二に、学習を通じた団体育成の役割がある。地区公民館は、公民館主事や公民館役員を中心とし、地域課題の学習を通じて課題解決に取り組むサークルやグループを生み出す役割を担っている。例えば、丸山地区では、地区公民館

の「ふるさと再発見」プロジェクトを契機に、「風越山を愛する会」が組織化
された。このプロジェクトでは、地域資源である風越山に関して、地域の高校
や生産森林組合などの関係者が集まって、イラストマップを作成した。完成後
には、風越山を愛する会が立ち上げられ、その後、この会が風越山に関するさ
まざまなプロジェクトに継続的に関わり、地元の学校との連携においても中核
的な役割を担っている。このように、地区公民館は、地域課題に関する学習を
通じて、新たなグループを生みだす「孵卵器」の役割を果たしている。

　第三に、地域の機関・団体を結びつけるネットワーキングの役割がある。例
えば、川路地区の通学合宿の取り組みは、地区で毎年開催される「明日を考え
る集会」で、「若い人に地域活動にどう関わってもらうか」が課題意識として
共有されたことが契機になった。この後、子育て期の若者に対象をしぼり、こ
の層にとって魅力的な地域について話し合いが重ねられた。そして、公民館主
事が中心になり、まちづくり委員会と小学校、PTA、食生活改善推進委員会な
どを結びつけ、地区に実行委員会を組織して通学合宿の取り組みを実現した。

(2) 住民主体の地域づくりを実現する要素

　このような公民館が築いてきた地域社会の関係のもと、飯田市では、前述の
地方自治法上の地域自治組織を、2007（平成19）年に市内20地区に導入した。
同市の地域自治組織は、法定上の地域協議会と、市や地域協議会に関する事務
を所掌する自治振興センター、そしてまちづくり委員会という任意組織によっ
て構成される。このうち、まちづくり委員会は、自治会や、環境衛生組合・交
通安全委員会などの各種委員会、そして公民館などの組織も含んだ地域の包括
的組織である。まちづくり委員会には、市から総額1億円の一括交付金が各
地区の人口に応じて配分され、自発的・自律的な地域づくりを進めることが期
待されている。

　このまちづくり委員会の仕組みのもと、千代と上久堅という中山間地域に
位置する二地区で、少子高齢化問題への対応をどのように進めたかをみてい
く⁽¹⁰⁾。千代地区では、少子化による保育園の消滅の危機に直面し、社会福祉
法人の「千代しゃくなげの会」を設立し、住民が運営を担うことで保育園の維

持に成功した。しゃくなげの会は、その後、高齢者の通所介護施設の指定管理
も受けた。また上久堅地区では、少子高齢化の問題に対して、自治会連合会が
中心となり、少子化対策委員会を設置した。この委員会は最重要項目として、
少子化対策を位置づけ、子育て世帯や子育てに取り組む団体に対する祝い金を
支出する「子育て支援の会」や、延長保育の活動に取り組んだ。また地区の女
性が中心となり、高齢世帯などに配食を行う「食工房十三の里」の活動も立ち
上げられた。

　両地区で住民主体の地域づくりの実現に至った要素は三つにまとめられる。
第一に、両地区における住民自治の風土である。千代地区では、1970年代に
公民館で開催された市民セミナーの参加者が、集落単位での自主グループの活
動を担い、現在もまちづくり委員会の役員としてリーダーシップを発揮してい
る。上久堅地区でも、青年会・婦人会や公民館・分館の活動に関わった住民
が、1990年代前半から地区の基本構想の策定に関わり、現在のまちづくり委
員会の活動の中心的な担い手となっている。これらの住民には、問題解決を行
政に頼るのでなく、自分たちの話し合いのなかで解決する姿勢が身についてお
り、住民主導の取り組みを先導してきた。ここに公民館の人材育成の成果を読
み取ることができる。

　第二に、まちづくり委員会が、新たな組織の立ち上げを積極的に支援したこ
とである。両地区の少子高齢化対策の取り組みのなかで、まちづくり委員会
は、地区内の対話の場づくりや合意形成、取り組みへの寄付の呼びかけなどに
大きな役割を発揮した。さらに、新たな組織に対する財政的な支援や経営上の
リスクをともに担う姿勢、立ち上げ時のノウハウの伝達など、活動が軌道にの
るまでの各種支援も実施してきた。まちづくり委員会は、市からの補助事業な
どの恒常的な活動を多く抱えるため、地域の課題に即時に対応できる機動性の
高いグループやプロジェクトを、別組織として立ち上げたことは有効な方法で
あった。

　第三に、まちづくり委員会が問題認識の共有から合意形成、意思決定を行う
一連の過程において、自治体側が時間をかけて寄り添う形での「伴走型支援」
を行ってきたことである。住民主体の意思決定や実行のプロセスを尊重しなが

らも、行政は一歩ひいた位置から、現状の制度の中で利用可能な選択肢を提示し、適切な助言を行う姿勢をとってきた。このことで、住民が取り組みを進める際の検討の幅を広げることができた。地域の課題と住民の解決力を見極めながら、行政は住民に足りないところを支えるという「黒子」に徹する姿勢は、地域づくりの「飯田モデル」の姿を典型的に示すものである。

4. 住民主体の取り組みを実現する制度設計・仕組みづくり

　飯田市の事例から、住民主体の地域づくりの実現には、住民自身の当事者意識と、その意識を育むための制度設計や仕組みづくりが重要であると理解できる。住民主体の地域づくりを進めるポイントは、以下の三点にまとめられる。

　第一に、地域に長年の間、蓄積されてきた住民自治の風土や、活動のなかで育ってきた中心的な担い手をすくい取ることのできる組織づくりが重要である。近年は政策に基づき、各地区で画一的な組織を設計する例が目立つが、その地域の実情に合わせた「身の丈」に合った組織づくりを意識するべきである。

　第二に、住民主体の活動が軌道にのるまで、行政による「伴走型支援」が必要になる。住民が地域の課題を認識し、その解決に向けた当事者意識をもつまでには一定の時間を要する。このため、行政にはその過程を尊重する「待ち」の姿勢が求められる。また、住民のアイディアや地区の資源だけでは、新たな組織の立ち上げや事業化が難しいことがある。そのため、行政が必要に応じて手を差し伸べ、住民の自発的な取り組みを側面から支えることが求められる。

　第三に、地域に配置され、住民と行政とをつなぐ行政職員の存在である。飯田市で、住民組織であるまちづくり委員会と、行政の関係課をつないだのは、自治振興センターと公民館の職員である。これらの職員は、まちづくり委員会の事務局を務め、住民主体の活動に寄り添うことで、住民と情報交換を行う機会を多く有する。この日常的な関係性の土台があるからこそ、地域の課題やニーズを精緻に把握し、関係各課へと「橋渡し」することが可能になる。住民主体の地域づくりには、活動の現場に近い公民館などに、行政と地域社会の「橋渡し」を果たすことができる力量の高い職員を配置する制度設計が重要で

ある。

〔荻野 亮吾〕

《注・参考文献》
(1) 玉野和志「コミュニティからパートナーシップへ ― 地方分権改革とコミュニティ政策の転換」羽貝正美編『自治と参加・協働 ― ローカル・ガバナンスの再構築』学芸出版社，2007年，pp.32-48.
(2) 名和田是彦「現代コミュニティ制度論の視角」名和田是彦編『コミュニティの自治 ― 自治体内分権と協働の国際比較』日本評論社，2009年，pp.1-14.
(3) 高野和良「農山村の過疎化 ― 過疎地域の高齢者はなぜ暮らしていけるのか？」武川正吾ほか編『よくわかる福祉社会学』ミネルヴァ書房，2020年，pp.128-129.
(4) 小田切徳美『農山村再生 ―「限界集落」問題を超えて』（岩波ブックレット）岩波書店，2009年.
(5) 横石知二『そうだ、葉っぱを売ろう！ ― 過疎の町，どん底からの再生』ソフトバンククリエイティブ，2007年.
(6) 豊重哲郎『地域再生 ― 行政に頼らない「むら」おこし』あさんてさーな，2004年.
(7) 小田切，前掲，pp.25-31.
(8) 山浦陽一『地域運営組織の課題と模索』（JC総研ブックレット）筑波書房，2017年.
(9) 諸富徹『「エネルギー自治」で地域再生！ ― 飯田モデルに学ぶ』（岩波ブックレット）岩波書店，2015年.
(10) 飯田市における公民館の役割については、荻野亮吾『地域社会のつくり方 ― 社会関係資本の醸成に向けた教育学からのアプローチ』勁草書房，2022年，5章に詳しい.
(11) 荻野亮吾・八木信一「自治の質量とまちづくりの飯田モデル ― 地域自治（運営）組織への示唆として」『佐賀大学教育学部研究論文集』第5巻第1号，2021年，pp.193-212.

《本章をふまえた探究的な課題》
【1】 あなたの住む地域にある地域づくりに関わる組織を調べ、どのような工夫をして取り組みを進めているかをまとめてみよう。
【2】 地域づくりの先進的な事例について、どのように地域の資源を生かし、住民の間で合意形成を行ってその取り組みを実現してきたのか、その過程を調べてみよう。

《さらに学びを深めるために》
◎姉崎洋一・鈴木敏正編『公民館実践と「地域をつくる学び」』（叢書 地域をつくる学びⅪ）北樹出版，2002年.

第10章

地域に貢献する大学
― 大学開放から地方創生へ ―

本章のポイント

　本章では、まず 19 世紀にイギリスでユニバーシティ・エクステンションとしてはじまった大学開放の理念が、戦後、日本の大学でどのように取り入れられてきたのかを確認する。続いて、社会連携・社会貢献が求められるようになってきた大学が、どのように地域と協働した教育プログラムを展開してきたのか、その具体例を紹介する。最後に、地域貢献と人材育成を同時に求められる大学が抱える課題を提起し、今後の展望について検討する。

キーワード

ユニバーシティ・エクステンション　大学開放　地方創生
地（知）の拠点整備事業（COC）　サービス・ラーニング
パブリック・アチーブメント

1.　大学開放の理念と歴史

(1) イギリスのユニバーシティ・エクステンションの理念

　歴史を紐解くと、大学 [1] の教育資源を学外に開放しようという、組織的な教育活動の試みは、19 世紀にイギリスのケンブリッジ大学ではじまった [2]。教育学者で政治学者の J. スチュアートは、これまで大学教育の機会が閉ざされてきた女性や労働者にも高等教育への需要があることを知り、大学側が出向い

て大学教育を提供すべきと考え、ケンブリッジ大学に提案書を提出した。これを受けて、ユニバーシティ・エクステンションのあり方を検討する委員会が立ち上げられ、1873 年にノッティンガム、ダービー、レスターの 3 都市を巡回する多様な受講者層を想定した講座が開講された。講座では、連続講義として系統性が確保され、講義概要の配布やクラス討議、課題論文を課すといった教育方法上の工夫がなされていた。その後、1920 年代には、イギリスの多くの大学で「構外教育部（Extra-mural Department）」が設置され、大学内部でのユニバーシティ・エクステンションの組織化が進んだ。

　イギリスのユニバーシティ・エクステンションには、学識ある教師により一定期間の継続的な指導が行われること、大学本来の教育活動の拡張として大学により組織的に行われることという理念がある。この「ユニバーシティ・エクステンション」という用語は、当初は大学教育の機会の拡大という意味で用いられたが、その後、イギリスでは主として大学が行う公的な成人教育という意味で使われている。

(2) 戦後日本における大学開放の展開

　日本では、このユニバーシティ・エクステンションの理念が、明治期に「大学教育普及事業」として紹介された。明治末頃には、「大学拡張」と訳され、欧米の成人教育にならって公開講座の試みが行われた。第二次世界大戦後には、学校開放の一環として「大学開放」と訳されることが一般的となり、大学の資源や機能を学外に向けて、大学が事業として提供するという意味で定着した。

　しかし、日本で「大学開放」が実質化するまでには時間を要した。例えば、1964（昭和 39）年の社会教育審議会答申「大学開放の促進について」では、公開講座を中心に具体的な促進策が示されたものの、正規の教育課程の開放についてはほとんど考慮されなかった[3]。ただし、1960 年代にユネスコで提唱された生涯教育の理念や、その後の教育システムの再編の議論を受けて（第 2 章参照）、生涯教育・生涯学習政策と連動する形で、大学を社会に開く動きが高まった。例えば、1973（昭和 48）年の東北大学の大学教育開放センターの

設置を嚆矢として、私立大学でもエクステンションセンターの設置が進み、組織的・継続的に公開講座が開催されるようになった。

　1980 年代から 1990 年代にかけて、生涯学習の基盤整備の動きが進むが、このなかで、大学の生涯学習機関としての役割が徐々に強まった。1981（昭和 56）年の中央教育審議会（以下では中教審）の答申「生涯教育について」では、すでに講じられていた聴講生・研究生制度や昼夜開講制に加えて、大学の正規課程を成人に開放するための制度が求められ、1983（昭和 58）年には通信による教育を主とする放送大学が設置された。また、入学試験での社会人特別選抜を開始する大学がみられ、1991（平成 3）年の大学設置基準の改正により科目等履修生の制度が整備された。

　1984（昭和 59）年から 1987（昭和 62）年まで設置された臨時教育審議会では、教育改革の方向性として生涯学習体系への移行が打ち出された。この動きを受け、1990（平成 2）年の中教審答申「生涯学習の基盤整備について」では、大学に生涯学習機関としての役割を期待し、体系的・継続的な講座などの社会人を対象とした取り組みを積極的に提供する組織として、生涯学習センターの開設を推奨した。大学の生涯学習センターは、都道府県の生涯学習推進センターと協力して講座を開催するなど、地域社会との連携を図ることも要請された。

　さらに、1996（平成 8）年の生涯学習審議会答申「地域における生涯学習機会の充実方策について」では、大学が地域社会への貢献の役割を果たすために、大学施設の開放の促進に加えて、産業界などから教員や寄附を受け入れること、ボランティア育成を図ることなどの社会からの支援策をあげている。

　その後の 2005（平成 17）年の中教審答申「我が国の高等教育の将来像」で、大学と地域社会・経済社会との連携の重要性が指摘されると、1990 年代に国立大学において相次いで設置された生涯学習センターは、地域課題解決への取り組み、ボランティア活動の推進、教員や学生の派遣などを行う地域連携センターとして再編されていった。このように、近年の大学には、教育・研究に加え、社会への貢献や地域との連携の役割がより一層求められるようになってきている。

2.　社会や地域への貢献を求められる大学

　以上の大学開放の理念や歴史を背景に、2000年代以降、社会人を大学に迎え入れ、大学が地域社会のニーズに対応するための制度の拡充や環境整備が続いている。ここでは、社会や地域への貢献を意識した近年の大学教育改革の動向を整理する。

(1)　履修証明プログラムの開設

　第一に、社会人を対象とした履修証明プログラムの開設の動きがあげられる。履修証明プログラムとは、大学の社会貢献の一環として、社会人を対象に一定の学習プログラムを開設し、その修了者に法に基づく履修証明書（Certificate）を交付するものである。社会人の学び直しへのニーズを背景に、2007（平成19）年に「履修証明制度」として創設された。2019（令和元）年度の文部科学省（以下では、文科省）の「大学における教育内容等の改革状況について」によれば、全国の183大学（24.0%）で計444の履修証明プログラムが実施されている。

　履修証明プログラムは、リカレント教育に対する社会的ニーズの高まりに応えるものである。リカレント教育とは、OECD（経済協力開発機構）が1970年代に提唱したもので、学校教育を終えた後でも、就労と学びを繰り返しながら、社会人が学び直すことのできる教育を指す。近年では、2017（平成29）〜2018（平成30）年の内閣府の「人生100年時代構想会議」において、いつでも学び直し、職場復帰、転職ができる社会をつくるため、リカレント教育の拡充が宣言された。

　2019（平成31）年には、多忙な社会人でも参加がしやすいように履修証明プログラムに要する総時間数が120時間以上から60時間以上に短縮された。また、履修証明プログラムを各種資格の取得と結びつけるなど、職能団体・地方自治体・企業などと連携した取り組みも進んでいる。例えば、岩手大学の農業従事者などを対象にした「いわてアグリフロンティアスクール」や、浜松学

院大学の「観光地域づくりイノベーター育成プログラム」では、地域企業と連携して大学独自のプログラムを展開している。

(2) 特色ある大学教育への支援事業

　第二に、グローバル化の進展や知識基盤社会を背景に、知の拠点である大学が、個性・特色を発揮して、社会のニーズに応えた人材育成機能を担う動きがあげられる。大学外での学生の経験学習を重視する政策として、1998（平成10）年の大学審議会答申「21 世紀の大学像と今後の改革方策について」では、「学外の体験を取り入れた授業科目の開設などにより社会の実践的な教育力を大学教育に活用する」ことが示された。また、2002（平成 14）年の中教審答申「青少年の奉仕活動・体験活動の推進方策等について」でも、大学が正課としてボランティアやサービス・ラーニングなどを取り入れ、学生の自主的な活動を奨励・支援することが提唱された[4]。

　これに関わって、文科省は、広く社会に情報提供することを目的に、特色をもつ大学から「優れた取組」（Good Practice）を選定し、補助金の支出を行ってきた。2003（平成 15）年度から教育の質の向上につながる取り組みを支援する「特色ある大学教育支援プログラム（特色 GP）」、2004（平成 16）年度から社会的要請の強い政策課題に対応する取り組みを支援する「現代的教育ニーズ取組支援プログラム（現代 GP）」、さらに 2008（平成 20）年度から、特色 GP と現代 GP を統合した「質の高い大学教育推進プログラム（教育 GP）」が実施された。

　こうした GP 事業への採択を足がかりに、多くの大学がサービス・ラーニングセンターの設置や、専門職員の配置などの学内体制の充実を図ってきた。ただし、事業終了後には人員削減などの縮小傾向があるという課題も指摘される[5]。

(3) 「地（知）の拠点整備事業」の展開

　第三に、地方創生政策を背景に、大学に「地域の拠点」としての役割が期待されてきたことがあげられる。2013（平成 25）年の文科省「国立大学改革プ

ラン」では、国立大学の機能強化の方向性として、「世界最高の教育研究の展開拠点」「全国的な教育研究拠点」「地域活性化の中核的拠点」の三つが示された。このうちの「地域活性化の中核的拠点」では、大学が地域の人材育成拠点となり、地域社会のシンクタンクとしてさまざまな課題を解決する地域活性化機関となることがめざされている。

　具体的な事業として、2013（平成25）年度より開始された「地（知）の拠点整備事業（COC）」がある。この事業は、自治体と連携し、全学的に地域を志向した教育・研究・社会貢献を進める大学などを支援するものである。2013（平成25）年度は 52 件、2014（平成26）年度は 25 件の事業が採択された。

　COCは、2015（平成27）年度から「地方創生の中心となる『ひと』の地方への集積」を目的として「地（知）の拠点大学による地方創生推進事業（COC＋）」として引き継がれ、学生にとって魅力ある就職先を創出・開拓するとともに、地域が求める人材を養成する大学の取り組みに対して重点的に支援が行われた。さらに、2020（令和2）年度からの「大学による地方創生人材教育プログラム構築事業（COC＋R）」では、若者の地元定着と地域活性化の推進が図られている。

　これらの事業に採択された大学では、地域の拠点としての大学の特性を打ち出すために、地域での学習を支援する体制づくりや、地域に関する科目の必修化や副専攻制度の新設など、独自プログラムが進められることとなった。

(4) 高知大学の地域協働学部の取り組み

　社会や地域に対する大学の貢献については、地方国立大学への期待がとりわけ大きい。地域課題に対して大学がどのように取り組んでいるのか、ここでは高知大学の事例を取り上げる[6]。

　高知大学では、COC事業「高知大学インサイド・コミュニティ・システム（KICS）化事業」の採択が契機となり、2015（平成27）年4月に地域協働学部を開設した。この事業では、県内7ブロックにサテライト・オフィスを設置し、うち4ブロックに地域コーディネーターを常駐させ、多様で複雑な地域課題を解決する体制を構築した。

　地域協働学部は、経済学・経営学・社会学・農学・教育学・環境学・芸術・スポーツなどの多様な分野の教員で構成され、「地域理解力」「企画立案力」「協働実践力」「地域協働マネジメント力」という「地域協働型産業人材」に必要な能力を着実に育成することがめざされている。実習科目では、1 年次にまち歩きや地域活動への参加を通して地域への理解を深め、2 年次以降のプロジェクト活動の企画や実践へとつなげるプログラムが組まれている。また、2020（令和 2）年度からは社会教育主事・社会教育士養成課程も新設され、卒業生が行政、地域、企業での学習支援にあたることに期待が集まっている。

3.　地域と協働した教育プログラムの展開

（1）シティズンシップ教育への注目

　現在、地域から大学に求められている役割は、シティズンシップ（市民性）教育の観点からも意味づけることができる。教育学者の小玉重夫によれば、シティズンシップとは、「民主主義社会の構成員として自立した判断を行い、政治や社会の公的な意思決定に能動的に参加する資質をさす概念」である[7]。2015（平成 27）年に選挙権の年齢が満 18 歳以上に引き下げられたこともあり、市民としての資質を育むシティズンシップ教育は、政策的にも重視されつつある。高等学校において、2022（令和 4）年度施行の学習指導要領より「公共」が必修科目となったのもその動きの一つといえる。

　大学においては、学生が社会の一員として地域と関わりつつ学習を深め、将来の社会の担い手として成長することが期待されており、具体的にはサービス・ラーニングやパブリック・アチーブメント型教育が展開されている。例えば、2012（平成 24）年の中教審答申「新たな未来を築くための大学教育の質的転換に向けて」では、学生の主体的な学修を促す取り組みとしてサービス・ラーニングがあげられている。特に私立大学では、建学の精神や学生募集上の観点から、地域と協働した多彩な教育プログラムが行われる傾向にある。

(2) 国際基督教大学のサービス・ラーニングの取り組み

　サービス・ラーニング（以下ではSL）とは、地域でのサービス（ボランティア活動など）と、大学での教育課程を結びつけ、学生のシティズンシップを育成する教育方法である。省察（リフレクション）を通じて経験と学習の両者を結びつけ、自らの考え方や行動の仕方を変容させることが重視される。立命館大学などと並んで、日本で先駆的にSLを正規科目として導入したのが、国際基督教大学（ICU）である[8]。

　1990 年代半ばに、ICUでは、北米での教育動向に詳しい教員が中心になり、SLの理念に基づいたコースを開講した。2002（平成 14）年 10 月に、ICUサービス・ラーニング・センターが設立され、SLのカリキュラムが整備された。2003（平成 15）年度には「責任ある地球市民を育むリベラル・アーツ」として「特色ある大学教育支援プログラム（特色GP）」に採択された。さらに、2007（平成 19）年度の特色GPに「自発的学修者を育むリベラルアーツ教育支援 ― アカデミックアドヴァイジングからアカデミックプランニングへ」が採択された。

　カリキュラムの内容は、事前学習として「サービス・ラーニング（一般教育）」「サービス・ラーニングの実習準備」を履修し、夏休みの約 30 日間に及ぶ実習の後に、「サービス活動の振り返りと共有」を履修するという、通年にわたるプログラムである。SL関連科目の中心となる実習は、活動先により「コミュニティ・サービス・ラーニング」「国際サービス・ラーニング」に分かれる。また、学生自身がサービスの内容に合った教員を探し、SLアドバイザーとしてサポートを依頼する仕組みも整備されている。

(3) 東海大学のパブリック・アチーブメント型教育の取り組み

　パブリック・アチーブメント（以下ではPA）は、地域へのサービス提供だけでなく、大学が地域とともに地域の問題（イシュー）解決に取り組む教育方法である。取り組むテーマごとにチームに分かれ、各チームに「コーチ」がつく形で教育が進められる。イシューに関係する社会関係の分析や、問題解決に向けた多様な人々との交渉の過程を重視し、シティズンシップのうちでも、特

に政治的リテラシーを育もうとする点に特徴がある。

　東海大学では、2009（平成 21）年に社会的な実践力を養うための具体的な教育目標・育成する力として、「自ら考える力」「集い力」「挑み力」「成し遂げ力」からなる「4 つの力」を策定した。2013（平成 25）年度には、文科省の「地（知）の拠点整備事業（COC）」として、「To-Collabo プログラムによる全国連動型地域連携の提案」が採択され、2017（平成 29）年度までの 5 年間でさまざまな取り組みを行ってきた⁽⁹⁾。"To-Collabo" とは、日本全国に拠点を有する総合大学である東海大学（Tokai University）の特長を生かした地域と大学の教育・研究の連携研究所（Community linking laboratory）を示す名称である。この事業では、パブリック・アチーブメント型教育を取り入れ、地域特有の課題や全国共通の課題を教職員・学生が共有し、協力して解決策を見いだすことをめざしている。

　具体的には、地域の共通課題から想定される四つの計画（地域デザイン、ライフステージ・プロデュース、観光イノベーション、エコ・コンシャス）と八つの事業（安心安全、ブランド創造、大学開放、スポーツ健康、地域観光、文化・芸術、エネルギー・ハーベスト、環境保全）をテーマに、教育・研究・社会貢献活動を展開する。学内にある研究（シーズ）と地域の課題（ニーズ）をマッチングさせる地域コーディネーターを配置して、解決に向けた活動を積極的に行う点に特徴がある。

　例えば、「安心安全事業」では、工学や情報分野の教員が中心となり、防災マップづくりや、SNS を活用した災害情報共有システムの実証実験など、災害を想定した安心安全な地域社会の形成に向けた取り組みが行われた。また、「スポーツ健康事業」では、医学や健康、スポーツ分野の教員が自治体などとともに、健康維持活動と健康状態のデータ解析や、世代間交流活動など、地域住民の健康意識の醸成に努めた活動が行われた。大学の資源を結集して、学生への教育とともに地域課題の解決を図る取り組みは、COC 事業の終了後も、地方自治体や地域住民などとともに取り組まれることが期待されている。

4. 地域貢献と人材育成のはざまで

　このように、多くの大学で地域を志向した取り組みが行われているが、地域貢献と人材育成の双方の成果を期待される大学では、そのはざまでいくつかの課題も抱えている。

　第一に、大学が実施する地域貢献事業のコスト負担である。多くの大学で地域活動のための組織が整備される一方で、地域で受け入れられる学生数には限界があるため、履修できる学生数の少なさや、運営にかかる人的・金銭的なコストの高さが課題として指摘されている[10]。事業予算が大学の財政を圧迫する状況は、プログラムの持続可能性の点からも望ましい状態とはいえない。

　例えば、アメリカでは1993年に連邦法の一つであるNational and Community Service Trust Actが改正され、SLを推進するための連邦機関としてCNCS（Corporation for National and Community Service）を設置し、学校や地域による参加型学習が国策として展開されるようになった。地方自治体やNPOが教育機関と連携してプログラムを実施し、連邦政府が助成プログラムなど多様な支援策を通じて学びのコミュニティ形成を促している。学生が参入することで地域社会にもたらされる効果として、若い労働力の提供、地域住民の地域理解の促進、新しい視点の提供などがあげられるが、こうした効果に照らして、大学だけでなく国・自治体・地元企業やNPOが事業コストを分担していくことも必要である。自治体と連携協定を結んでいる大学では、協定の枠組みを利用しながら事業予算について意見交換や相互理解を進めていく努力が求められる。

　第二に、産官学の相互理解を図るためのコーディネーターの位置づけである。地域連携に関わるコーディネーターは、学内外の橋渡し役となりながら、独自の専門性を生かして活動に付加価値を与えることが期待されている。ただし、コーディネーターは専門職としての位置づけが弱く、有期雇用などの不安定な立場にある。コーディネーターの役割や専門性を確立しようとする和歌山大学の取り組みのように、実践の共有や交流の場を増やすことが必要である。

　また、地域連携に関わるコーディネーター育成を大学での授業に組み込み、独自の資格を付与する試みもみられる。法政大学のキャリアデザイン学部では、2012（平成 24）年度から学部独自の認定資格として「地域学習支援士」養成プログラムをスタートし、授業を通じてユースワーク、地域文化創造、地域メディアなどの分野における学習支援のマネジメントやコーディネーターの専門性を有する若者の育成に取り組んでいる。こうした専門性を有する若者が増えていくことは、産官学の相互理解を促進するうえでも有効であろう。

　第三に、成果の可視化と説明責任があげられる。地域と協働した教育プログラムにおいて、地域に及ぼす波及効果（インパクト）と学生に及ぼす教育的効果とを両立させ、かつその成果を数値化などの方法で明確に可視化することは容易でない。前述の中教審答申「新たな未来を築くための大学教育の質的転換に向けて」では、学生の学修成果の評価（アセスメント）が求められているが、地域と協働した教育に関する現状のアセスメントをみると、地域への波及効果よりも学生の成長を測る評価の方が日本では多くなっている。また、評価指標についても模索段階である。

　しかし、SL などの地域活動では、教員が学生の到達度のみに注目して成果を測る評価方法は必ずしも適切といえない。逆に、地域が学生の教育効果を軽視し、地域への経済効果などのみで活動の成果を判断することも危険である。地域貢献か人材育成かといった二者択一ではなく、活動のプロセスのなかで、誰が、どのように、何を評価するのか、どのような状態が双方にとって望ましい状態なのか、大学と地域とが事前に確認しておくことが肝要である。

　例えば、大学と地域の双方の効果を客観的にとらえられるアセスメントの開発・実施も有効であろう。これについては、アメリカの高等教育機関が加盟するネットワーク組織であるキャンパス・コンパクトによる、「サービス・ラーニングと市民参画のアセスメント」モデルが参考になる[11]。このモデルは、SL に関わる学生・教員・地域・大学機関に及ぼすプログラムの効果について、何を知りたいのか（中心概念）、どのようにそれを知ろうとするのか（主要指標）、どのように測定するのか（手法）、誰がデータを提供するのか（情報源）という四つの観点から測定を行うものであり、今後は日本の大学や地域での導

入が期待される。成果を測る指標の開発は、大学内外のステークホルダー（利害関係者）に対する説明責任を果たすためにも重要である。

　以上、地域貢献が求められる大学が直面する課題について指摘した。これ以外にも、2021（令和3）年12月の中教審大学分科会「これからの時代の地域における大学の在り方について ― 地方の活性化と地域の中核となる大学の実現」において、「地域の中核となる大学」になるための課題として「学修面での課題」「イノベーション創出上の課題」「連携上の課題」があげられている。地域に根ざした大学開放の流れが今後も強まっていくことが予測されるなかで、これらの課題への対応は急務であり、各地域および大学の今後の対応が注目される。

〔青山 貴子・中川 友理絵〕

《注・参考文献》
(1) 日本の高等教育機関には、大学、高等専門学校、専門学校がある。そのうち大学には、学士課程、短期大学、大学院（修士課程、博士課程）や専門職大学などが含まれる。本章では、高等教育の中核をなす大学の政策や事例を扱う。
(2) 本節の整理は、出相泰裕編『大学開放論 ― センター・オブ・コミュニティ（COC）としての大学』大学教育出版、2014年を参照した。
(3) 本項の整理は、猿田真嗣「生涯学習機関としての大学 ― 大学教育の拡張と体系化に関する一考察」『教育制度学研究』第11号, 2004年, pp.6-19を参照した。
(4) サービス・ラーニングに関する政策や大学の取り組みは、福留東土「日本の大学におけるサービス・ラーニングの動向と課題」『比較教育学研究』第59号, 2019年, pp.120-138, 桜井政成・津止正敏編『ボランティア教育の新地平 ― サービスラーニングの原理と実践』ミネルヴァ書房, 2009年に詳しい。
(5) 井上加寿子「サービス・ラーニング」濱名篤・川嶋太津夫・山田礼子・小笠原正明編『大学改革を成功に導くキーワード30 ―「大学冬の時代」を生き抜くために』学事出版, 2013年, p.171.
(6) 高知大学「地域協働学部 ― 地域協働学専攻」(http://www.kochi-u.ac.jp/rc/)
(7) 小玉重夫「デモクラシーの担い手を育てる大学教育 ― 大学生とシティズンシップ」逸見敏郎・原田晃樹・藤枝聡・立教大学RSLセンター編『リベラルアーツとしてのサービスラーニング ― シティズンシップを耕す教育』北樹出版, 2017年, p.74.
(8) 国際基督教大学（ICU）「Service-Learning Center」(https://office.icu.ac.jp/slc/)

(9) 東海大学「To-Collabo」(http://coc.u-tokai.ac.jp/)

(10) 福原充「大学教育における社会連携の一考察 ― 立教大学におけるサービスラーニングに注目して」『キリスト教教育研究』No.35, 2018 年, pp.119-122.

(11) S.ゲルモン, B.A.ホランド, A.ドリスコル, A.スプリング, S.ケリガン（山田一隆監訳）『社会参画する大学と市民学習 ― アセスメントの原理と技法』学文社, 2015 年（原著：Gelmon, S. B., Holland, B. A., Driscoll, A., Spring, A. and Kerrigan, S., *Assessing Service-Learning and Civic Engagement: Principles and Techniques*. Campus Compact, 2001) を参照。

《本章をふまえた探究的な課題》

【1】 地域と協働した大学教育プログラムにおいて、地域貢献と人材育成の二つの観点から、具体的にどのような評価（アセスメント）指標が考えられるかをあげてみよう。

【2】 産官学の相互理解を促すために、地域連携に関わるコーディネーターはどのような専門性を備えていることが望ましいかを考えてみよう。

《さらに学びを深めるために》

◎上杉孝實・香川正弘・河村能夫編『大学はコミュニティの知の拠点となれるか ― 少子化・人口減少時代の生涯学習』ミネルヴァ書房, 2016 年。

第 **11** 章

非営利セクターによる社会課題の解決

本章のポイント

　日本では、1990 年代以降、NPO をはじめとする市民活動が活発化し、公共サービスの担い手として認識されるようになった。市民活動を行う組織・団体は、NPO や NGO、協同組合、社会的企業など多岐にわたり、それらを包括して非営利セクターと呼ぶ。本章では、非営利セクターが公共サービスの担い手となってきた背景を整理したうえで、非営利セクターの実際の活動事例を紹介する。そして、非営利セクターの強みと弱みや、社会に果たす役割を明らかにする。

キーワード

非営利セクター　ボランティア　NPO　政府の失敗　市場の失敗
公共サービス　アドボカシー

1.　市民活動が社会に果たす役割への注目

(1)　市民活動への期待の高まりと NPO 法の制定

　1995（平成 7）年に起きた阪神・淡路大震災には、国内外から数多くのボランティアが参加し、その活動が復興支援に大きな役割を果たした。これを契機に、ボランティアとは特別な人が行うものではなく誰もが参加しうるもので、社会に大きなメリットを与えることが示された。このようにボランティアが社会で大きな役割を果たしたことから、同年は「ボランティア元年」と呼ば

れる。

　ボランティアの重要性が社会に広く認知されたことを受けて、その活動を
促進する目的で、1998（平成 10）年 3 月に「特定非営利活動促進法」（以下、
NPO 法）が制定され、同年 12 月から施行された。NPO 法の目的は、「特定非
営利活動を行う団体に法人格を付与すること」などにより、「ボランティア活
動をはじめとする市民が行う自由な社会貢献活動としての特定非営利活動の健
全な発展を促進し、もって公益の増進に寄与すること」（第 1 条）にある。そ
れまで、法人格を有さない任意団体の場合には、責任の所在が明確でない、金
融機関で口座を開設できない、行政や企業と契約が結びにくいなど、活動にあ
たって大きな障害があった。同法の制定により、市民活動を行う団体が特定非
営利活動法人という法人格を取得でき、団体の法的・社会的な位置づけも明確
になり、対外的な信用を得やすくなった。

　このような法的基盤が整備されたこともあり、その後、市民活動は活発化し
ていった。NPO 法人数の推移をみると、NPO 法制定の 1998（平成 10）年以
降、その数は大きく増加している。制定当初は 23 法人であったが、2002（平
成 14）年に 1 万法人、2004（平成 16）年に 2 万法人、2006（平成 18）年に
3 万法人を超え、2022（令和 4）年 6 月末時点で 50,666 法人となっている[1]。

　なお、NPO 法には「特定非営利活動」に該当する 20 の活動分野が示されて
いる。このうち「保健、医療又は福祉の増進を図る活動」「社会教育の推進を
図る活動」「まちづくりの推進を図る活動」「子どもの健全育成を図る活動」な
どの分野で活動する NPO 法人が多い[2]。また、いずれか一つの分野で活動す
る NPO 法人よりも、複数分野にまたがって活動する NPO 法人が大半を占めて
いる。

　ちなみに、NPO 法人のうち、より高い公益性が認められる場合には、所轄
庁（都道府県知事または政令指定都市の長）から認定を受けることで「認定
NPO 法人」になることができる。認定 NPO 法人になれば、その法人に寄付を
した個人・法人へ税制上の優遇措置が適用されるため、寄付を得やすくなる
というメリットがある。認定 NPO 法人数は増加傾向にあるが、2022（令和 4）
年 6 月末時点で 1,246 法人であり、認定を受けるのは NPO 法人のごく一部と

なっている。

(2) 市民活動への期待の背景

　このように1990年代後半以降、NPOをはじめとする市民活動が活発化し、その活動を促進するための法的基盤も整備された。市民活動への社会的関心が高まった背景には、人々のライフスタイルや価値観の多様化に伴い、社会課題やニーズも多様化し、公共サービスの供給が政府と市場だけでは難しくなったことがある。また、家族や地域社会の姿も変貌し、その内部で互助機能を充足することが難しくなり、代わりに外部から供給を受ける必要が生じたこともある。

　従来、社会課題の解決策を提供するのは、主に政府（国や地方自治体）であった。政府は、市民からの税金を用いて社会課題の解決に向けた公共サービスを提供してきたが、1980年代以降の「福祉国家の危機」により税収が低下し、さらには1990年代以降、人々の生活や価値観が多様化し、公共サービスも多様化が求められているなかで、限られた財源で多様なニーズのすべてに応えることができないという問題が生じた。この状況を「政府の失敗」という。

　この「政府の失敗」を埋める存在として、営利企業などの市場に期待することは難しい。なぜなら、政府が供給する公共サービスは「非排除性（対価を支払わない人を排除できない）」と「非競合性（誰もが便益を享受できる）」という二つの「公共財」の性質をもつためである。もし、公共サービスの提供を全面的に市場に委ねた場合、高い対価を支払う人や特定の人のみが利用できるサービスが多くを占める可能性がある。それ以外にも、営利企業と市民との間に情報格差があるという「情報の非対称性」の問題や、企業がそれを利用して不当に利益をあげるリスクがあるため、市民が当該サービスを利用しづらくなるという「契約の失敗」の問題がある。これらの理由で、政府が供給する公共サービスを市場が提供することは難しく、これを「市場の失敗」と呼ぶ[3]。

　なお、同じく1990年代後半以降、家族や地域社会の姿も大きく変容した。それまでは多世帯で同居する大家族が中心だったが、核家族が増加し、世帯の構成人数は減少した。これに伴い、従来は大家族で分担してきた育児・家事・

介護といったケアを、少ない家族人数で分担する必要が生じ、一人あたりにかかる負担が重くなり家族だけで支え合うことができないという課題が生じた。これは「家族の失敗」と呼ばれる[4]。さらに、地域社会においても、地縁型組織への参加率の低下や、組織そのものの消滅など、地域社会における紐帯や互助的な関係は徐々に失われつつあり、「地域の失敗」と呼ぶべき状況も生まれている。

　このような政府や市場、家族、地域社会の失敗を代替・補完する存在として、市民活動に期待が寄せられるようになった[5]。前節で述べた通り、NPOの活動分野として「保健、医療、福祉」「社会教育」「まちづくり」「子どもの健全育成」が多いことからも、家族や地域社会の互助機能の不足を、市民活動が代替・補完している状況がうかがえよう。

2. 非営利セクターとは何か？

（1）非営利セクターの定義

　前節で述べてきたNPO以外にも、市民活動を行う組織は多様に存在する。そういった多様な組織を包括的にとらえるのが「非営利セクター」という概念である。非営利セクターとは「国家でも市場でもない領域において活動する、民間かつ非営利（not-for-profit）で、制度化された組織の集合」を指す[6]。具体的には、NPOやNGO、各種公益法人、協同組合、社会的企業、地縁型組織などの多様な組織が含まれる[7]。ここでは代表的なものとして三つの組織を紹介する。

①NPO・NGO

　まず、非営利セクターを代表する組織として、NPO（民間非営利組織）やNGO（民間非政府組織）がある。NPOやNGOには、前述の通り、NPO法人や認定NPO法人などの法人格を有する組織のほか、ボランティア団体や市民活動団体などと呼ばれる法人格を持たない任意団体も含まれる。また、一般社団法人や一般財団法人などの法人格を有する組織もある。これらの組織の大き

な特徴は「利潤の非分配制約」にある。営利企業では、事業で得た利潤を株主への配当や社員への賞与の形で利害関係者に分配できる。これに対し、NPOやNGOは利潤の分配が制限されており、利潤を今後の事業に用いることが課されている。

②協同組合[8]

　協同組合とは、共通の目的を持った人々がその目的を達成するために作る相互扶助組織を指す。協同組合がその目的に沿う事業を行い、協同組合に属する人々（組合員）が事業を利用することで、組合員の利益を増進する関係にある。

　協同組合には、農業協同組合、漁業協同組合、消費生活協同組合、中小企業等協同組合、労働者協同組合などさまざまな種類がある。協同組合は営利企業に類する事業を行っているようにみえるが、企業の場合には持株比率に応じて株主の意向で経営方針が決定されるのに対し、協同組合に株主は存在しない。組合員が一人一票の投票権をもち、経営方針の決定への参加権をもっている。国内の協同組合数は4万1,000程度、組合員数は延べ1億700万人となっている[9]。

　なお、協同組合に関する法律には、農業協同組合法（1947年）、消費生活協同組合法（1948年）、水産業協同組合法（1948年）、中小企業等協同組合法（1949年）などがあり、非営利セクターに類する組織のなかでも比較的古くから法的基盤が整備されてきた。近年では、2020（令和2）年12月に労働者協同組合法という新たな法律が成立し、2022（令和4）年10月から施行されている。

③社会的企業[10]

　社会的企業とは、NPO、NGO、協同組合、ボランティア、プロボノ[11]など、社会課題の解決を目的として収益事業に取り組む、さまざまな組織や個人が連携した事業体を指す。社会的企業の特徴はハイブリッド（混合）性にある。社会的企業の一例として、株式会社の法人格を取りつつ、利潤を社会課題解決に活用することで非営利性を担保し、さらに協同組合の特性である一人一票の投

票権をもっているような組織がある。こういった組織以外にも、社会的企業にはさまざまな組織や個人の強みを生かした多様な形がある。なお、社会的企業は、2000 年頃に登場した非営利セクターの新しい形であり、近年、増加傾向にあるが、諸外国に比べて日本ではまだ法的基盤が整備されていない状態である。

(2) 非営利セクターの機能

　次に、非営利セクターが有する三つの機能をみていく[12]。非営利セクターは、前節で述べた通り、政府や市場、家族、地域の機能を代替・補完するようなサービスを供給するだけでなく、アドボカシー機能、市民育成機能ももつ。これら三つの機能を組み合わせて、多角的なアプローチで社会課題の解決をめざす点が、非営利セクターの特徴である。

①サービス供給機能

　サービス供給機能とは、政府、市場、家族、地域社会が担ってきたサービスを有償・無償で供給することを指す。特に、非営利セクターの役割が大きいのは、福祉、介護、医療、環境保護、教育、文化、スポーツ、芸術などの領域における対人サービスの供給においてである。非営利セクターのサービスは、初動対応が遅く、縦割り的な意思決定に起因して硬直的になりやすい政府のサービスに比べて、迅速性、柔軟性、新規性をもつ[13]。また、重要ではあるが収益性が低いために市場では供給されないようなサービスの供給が行われやすいという長所ももつ。

②アドボカシー機能

　アドボカシー（advocacy）とは、擁護や代弁などを意味する言葉であり、政策提言などの形で政治や社会全体に対して意見表明し、現状を変革しようとする活動を指す。具体的な形態として、①議員・議会や行政機関に対する直接的ロビイング、②デモ、ボイコット、署名活動などの間接的ロビイング、③新聞・テレビへの情報提供や記者会見の実施などのマスメディアでのアピール、

④セミナー実施や書籍出版などの一般向けの啓発活動、⑤他組織との連携、⑥裁判闘争などがある[14]。これらのアドボカシー活動により、現時点で世間に十分に認知されていない社会問題やニーズを広く知らしめ、人々の意識や行動を変えることが可能となる。

③市民育成機能

　市民育成機能とは、市民が非営利セクターの活動への参加を通じて、民主主義の実現に寄与する「善き市民」へと育成されていくことを指す。具体的には、政治に対する関心、政治的有効性感覚、政治に対する信頼、先鋭的ではない穏健な政治的態度、組織運営術、交渉術、異なる価値観をもつ他者への寛容精神、他者への信頼、互酬性の規範などを養うことができる[15]。そして、活動に参加する市民の政治的・社会的な意識や能力が育まれることで、ソーシャル・キャピタル（社会関係資本）が醸成され、広く社会全体に便益がもたらされる[16]。

　なお、非営利セクターの活動への参加は、多様な属性・立場の人々を社会的に包摂するプロセスとみなすことができる。社会的に孤立している人々に対し、政府や市場が直接的に人間関係を築く手助けをすることは難しいが、対人サービスに長けた非営利セクターではそれが可能となる。

3.　非営利セクターの活動事例

　それでは実際に、非営利セクターはどのように社会課題の解決を行っているのだろうか。ここでは二つの事例を紹介する。

（1）NPO法人東京シューレ

　NPO法人東京シューレは、1985（昭和60）年に設立されたNPO法人であり（法人格の取得は1999（平成11）年）、フリースクールの運営を中心に、不登校の子どもとその親を支援するさまざまな事業を通して、子どもが学校外で学ぶ権利の保障や、学校外の教育機会の拡大を目的に活動している。

　東京シューレ設立のきっかけは、代表（当時）の奥地圭子氏が自身の子ども
の不登校を経験したことにある。1980 年代は、日本全体で不登校の子どもが
増加傾向にあったが、文部省（当時）は「不登校は子どもの怠け」であるとい
う認識をもっており、社会的な理解も進んでいなかった。また、不登校に対応
できる学校側の体制も整備されておらず、教育サービス産業を除いて、学校に
代わる学びの場はほとんど存在しなかった。そこで、奥地氏は、不登校の子ど
もの学びの場を作ろうと考え、フリースクールを立ち上げた。当時は、少数の
子どもが通うのみであったが、その規模は年々拡大し、2022（令和 4）年時点
で 6 〜 23 歳までの子ども・若者約 170 名が在籍している。

　また、フリースクール事業以外にも、学校に代わる学びの場として自宅を選
択した子どもに対する在宅不登校支援事業にも力を入れている。IT を活用し
た学習支援や、子ども同士あるいは保護者同士の交流機会を設ける取り組み、
高校との連携により高校卒業資格が取得できる制度づくりなどを行っている。

　さらに、不登校の子どもたちの存在や学校以外の学びの場が、社会的に認知
されるためのアドボカシー活動にも力を入れてきた。例えば、通常、学校に通
う際には通学定期乗車券制度が適用されるが、フリースクールに通う子どもに
は、この制度が適用されてこなかった。しかし、1992（平成 4）年頃から、東
京シューレが中心となり、フリースクールなどへの出席についても指導要録上
で出席扱いにすることをめざして、学割定期券適用を求める署名活動を行っ
た。この活動により、小・中学生は 1993（平成 5）年から、高校生は 2009（平
成 21）年から（ただし高校に在籍していない場合は適用外）、フリースクール
に通う際に通学定期券が利用できるようになった。

　さらに 2014（平成 26）年頃から、東京シューレが中心となって超党派フリー
スクール等議員連盟を発足させるなど政治に働きかけたことにより、2016（平
成 28）年に、不登校の子どもの学校外での学びを支援する目的で「義務教育
の段階における普通教育に相当する教育の機会の確保等に関する法律」（教育
機会確保法）が成立した。こうしたアドボカシー活動により、不登校が子ども
の進路の一つとして認知されつつあり、現在では、東京シューレ以外にも日本
全国にフリースクールが多く存在している。

(2) NPO法人ファザーリング・ジャパン

　NPO法人ファザーリング・ジャパン（以下では、FJ）は、社会のなかに「Fathering＝父親であることを楽しもう」という意識や価値観を広め、「笑っている父親」を増やすことを目的に活動している。FJは2006（平成18）年に設立されたNPO法人であり（法人格の取得は2007（平成19）年）、会員は全国300人程度、このうち約9割が男性会員である（2022（令和4）年8月時点）。育児を担う男性像を社会に浸透させ、男性が仕事と家庭を両立しやすいような社会を実現するために、さまざまな事業を行っている。

　FJの主な事業は、子育てに関する講演会・セミナーの実施である。FJには、人事関連の法律・制度に詳しい社会保険労務士などの専門家や、ワークライフバランスを経営戦略に取り入れる企業の経営者や管理職が多く属しており、新たな働き方に関する事例やノウハウが日々蓄積されている。これを生かして会員一人ひとりが講師となり、企業、行政、その他さまざまな団体を対象に、男性の育児に関する意識変革を目的とした講演会・セミナーを行っている。

　また、産後すぐの母親を対象としたメンタルケアや、子育て中の母親のキャリア支援など、女性を対象とした事業も実施している。さらに、祖父母の育児参加を促進するための啓発活動や、発達障がい児とその家族を支援するための勉強会なども実施しており、父親に焦点をあてた事業だけでなく、その周囲を支えることを目的とした事業も積極的に行っている。

　なお、FJもアドボカシー活動に力を入れている。FJが活動をはじめた当初は、児童扶養手当が支給されるのは母子家庭のみで、父子家庭は対象外であった。全国には約20万世帯の父子家庭があり、貧困や孤立などの課題を抱える家庭が一定数あるにもかかわらず、父子家庭に対する行政支援は乏しく、企業や社会の理解も低い状況にあった。これに対し、FJは、父子家庭に対する支援が必要だとして国会議員などに積極的なロビイングを行った。この結果、2010（平成22）年5月に「児童扶養手当法」が改正され（同年8月に施行）、児童扶養手当の対象が父子家庭にも拡大されることとなった。

4. 非営利セクターの課題と今後の展望

(1) 非営利セクターが直面する課題

　ここまでみたように、今日の社会では社会課題解決の担い手として非営利セクターが重要な役割を担っている。しかし、政府や市場、家族、地域を代替・補完する存在としてみた時に、非営利セクターは決して万能ではなく、さまざまな問題も抱えている。

　この点について、非営利セクター研究の国際的な第一人者であるL.サラモンは、政府や市場と同様に非営利セクターにも固有の限界があることを「ボランタリーの失敗」と呼び、四つの問題を指摘した [17]。第一に、非営利セクターが市場や政府の不十分な点を補うことができても、それに対処するだけの十分かつ確かな財源を自ら生み出すことができないという「フィランソロピーの不足」の問題である。第二に、非営利セクターが提供するサービスが特定分野に偏り、サービスの無駄な重複や財源の浪費が生じるという「専門主義」の問題である。第三に、財源を支配する者が活動内容や支援対象についての決定権を握ってしまうという「パターナリズム」の問題である。第四に、財源の厳しい非営利セクターが妥当な賃金を支払うことは難しく、各分野で高い専門性をもつ人は労働市場で仕事に就くため、非営利セクターでその分野の活動に携わる人の専門性が低くなるという「アマチュアリズム」の問題である。

　これら四つの問題に加えて、2010年頃から、非営利セクターの活動成果の可視化（＝「社会的インパクト評価」）が強く求められるようになった。サラモンは、この動きの中で新たに、短期間で成果が出る活動が重視され、成果が出るまで時間がかかる活動が不利に扱われてしまうという課題が生じたと述べる。実際に、近年のアメリカの非営利セクターをみると、恵まれない人々の生活を深いレベルで改善するためには精力的なアドボカシー活動が不可欠であるにもかかわらず、成果として可視化されにくいためにアドボカシー活動が縮減される傾向がみられるという。さらに、成果が出やすい層のみを対象として活動する傾向もみられ、真に支援を必要としているが活動成果が出にくい層が排

除され、非営利セクターが当初掲げていたミッションから逸脱する傾向がみられるとも指摘する[18]。

　これらの課題以外にも、とりわけ日本では、非営利セクターのアドボカシー機能が弱く、行政の「下請け」として公共サービスを提供する傾向が強いという課題がある。また、非営利セクターで活動する人々の多くが、無給ないし有償ボランティアといった形で、低賃金で働くため、将来的な活動の担い手の確保が難しくなるという課題もある。

(2)　非営利セクターが社会に果たす役割

　ここまでみてきたように、非営利セクターの存在意義は、単に公共サービスを提供する点だけでなく、政治家や社会全体に働きかけて政策提言や市民の意識変革をするなど、社会運動を起こすことができる点にもある。さらに、その活動を行う過程に多様な人が関わることで社会的包摂を促す点も、非営利セクターの存在意義といえる。例えば、貧困や孤立といった課題で苦しむ人が、非営利セクターへの関わりを通じてさまざまな人と出会い、豊かな人間関係を築くことができる。さらには、そういった課題で苦しんでいない人でも、非営利セクターの活動を通じて、自分とは異なる階層や文化、生活環境の人と出会うことで、自分とは異なる考え方への寛容性が育まれ、自分とは無関係だと考えていた社会課題に当事者意識をもつようになる。このように、非営利セクターの存在は、その活動に関わる人にメリットをもたらすだけでなく、広く社会全体に対しても好影響をもたらす。この意味で、非営利セクターの活動の活発さや積極性は、社会の豊かさや持続可能性を示す重要な指標になるといえよう。

　多くの深刻な課題を抱える現代社会において、非営利セクターのさまざまな弱みを解決しつつ、非営利セクターを社会全体で育む視点が重要となるだろう。

〔中村　由香〕

《注・参考文献》

(1) 内閣府NPOホームページ「認証・認定数の遷移」(https://www.npo-homepage.go.jp/about/toukei-info/ninshou-seni)

(2) 内閣府NPOホームページ「認証数（活動分野別）」(https://www.npo-homepage.go.jp/about/toukei-info/ninshou-bunyabetsu)

(3) 政府の失敗や市場の失敗の議論に関する古典理論として、Weisbrod, B. A., *The Nonprofit Economy*, Harvard University Press, 1988, Hansmann, H. B., The Role of Nonprofit Enterprise, *The Yale Law Journal,* Vol.89, 1980, pp.835-901 などがあげられる。

(4) 富永健一『社会変動の中の福祉国家 ― 家族の失敗と国家の新しい機能』中央公論新社, 2001 年.

(5) なお、政府と非営利セクターとの関係について、「代替・補完」関係以外に「敵対」関係があるとする見方もある。例えば、以下の文献を参照のこと。D.R.ヤング（上野真城子・山内直人訳）「補完か、相補か、敵対か：米国のNPOと政府との関係をめぐる理論的、歴史的検証」E.T.ボリス, C.R.スターリ編『NPOと政府』ミネルヴァ書房, 2007 年. pp.26-60.（原著: Young, D. R., Complementary, Supplementary, or Adversarial? A Theoretical and Historical Examination of Nonprofit-Government Relations in the United States, in E. T. Boris and C. E. Steuerle eds., *Nonprofit and Government: Collaboration and Conflict*, Urban Institute Press, 1999, pp.31-67）.

(6) 米澤旦『社会的企業への新しい見方 ― 社会政策のなかのサードセクター』ミネルヴァ書房, 2017 年, p.2. ちなみに米澤自身は「非営利セクター」ではなく、ほぼ同義語である「サードセクター」という呼称を用いている。また米澤は、この定義（とらえ方）には非営利セクターの複雑性が反映されていないとし、書籍の中で、新たなとらえ方も提案している。

(7) 非営利セクターという概念は、国や社会的背景、論者の問題意識などによってさまざまな含意で用いられており、非営利セクターにどのような組織が含まれるのかは一様ではない。

(8) ヨーロッパの社会的経済の文脈では、協同組合を非営利セクターの範囲に含むが、アメリカでは協同組合を非営利セクターから除外する傾向がある。詳しくは、富沢賢治『社会的経済セクターの分析 ― 民間非営利組織の理論と実践』岩波書店, 1999 年を参照。

(9) 一般社団法人日本協同組合連携機構（JCA）『2019（令和元）事業年度版 協同組合統計表』(https://www.japan.coop/study/pdf/220414_01.pdf)

(10) 何を社会的企業とみなすかという定義や、社会的企業を非営利セクターに含めるべきかどうかについては、論者によって判断基準が異なっており、見解が統一されていない。

(11) プロボノとは「公共善のために」を意味するラテン語「pro bono publico」の略で、各分野の専門家が職業上もっている知識や技術を生かして行うボランティア活動を指す。2011（平成 23）年に起きた東日本大震災の復興支援でプロボノが活躍し、注目が高まった。

(12) 非営利セクター（＝「市民社会」）の機能を三つに分類するものとして、坂本治也編『市民社会論 ― 理論と実証の最前線』法律文化社，2017 年，および、後房雄・坂本治也編『現代日本の市民社会 ― サードセクター調査による実証分析』法律文化社，2019 年を参照。

(13) 宮垣元「NPO 理論の経済社会学的再構築 ― NPO の多様性をどのように説明するか」『甲南大學紀要．文学編』第 163 巻，2013 年，pp.153-160.

(14) J. R. エリザベス（上野真城子・山内直人訳）「NPO・アドボカシーと政治参加」ボリス，スターリ編，前掲，pp.264-299.（原著：Elizabeth J. R., Nonprofit Advocacy and Political Participation, in Boris and Steuerle eds., *op.cit.*, pp.291-325），Marcia, A. *The Lobbying and Advocacy Handbook for Nonprofit Organizations: Shaping Public Policy at the State and Local Level*, 2nd ed., Fieldstone Alliance, 2013, 後房雄・坂本治也「日本の市民社会の実態分析」後・坂本編，前掲，pp.2-3.

(15) 後・坂本，前掲，pp.3-4.

(16) 坂本治也『ソーシャル・キャピタルと活動する市民 ― 新時代日本の市民政治』有斐閣，2010 年.

(17) L. M. サラモン（江上哲監訳）『NPO と公共サービス ― 政府と民間のパートナーシップ』ミネルヴァ書房，2007 年.（原著：Salamon, L. M., *Partners in Public Service: Government-Nonprofit Relations in the Modern Welfare State*, The Johns Hopkins University Press, 1995.）

(18) L. M. サラモン（小林立明訳）『フィランソロピーのニューフロンティア ― 社会的インパクト投資の新たな手法と課題』ミネルヴァ書房，2016 年.（原著：Salamon, L. M., *Leverage for Good: An Introduction to the New Frontiers of Philanthropy and Social Investment*, Oxford University Press, 2014.）

《本章をふまえた探究的な課題》

【1】 非営利セクターが取り組む社会課題解決の事例を一つ取り上げて、どのような社会課題の解決を目標とし、具体的にどのような活動をしているのかを調べてみよう。

【2】 非営利セクターに期待される役割と、行政、市場、家族、地域のもつ役割を比較し、それぞれの強みと弱みや、提供するサービスの特徴をまとめてみよう。

《さらに学びを深めるために》

◎宮垣元編『入門ソーシャル・セクター ― 新しい NPO ／ NGO のデザイン』ミネルヴァ書房，2020 年.

第Ⅳ部　地域教育経営のデザインと評価

第12章

コミュニティにおける対話と学習環境デザイン
― 対話的学習実践にみるコミュニケーションの課題と戦略 ―

本章のポイント

コミュニティにおいて対話は不可欠であり、その対話を支える学習環境が必要となる。コミュニティを生成させるのはコミュニケーションであり、またその生成過程において必要となる学習とは対話的でなければならない。対話の実践で重要なのは、水平的な関係づくり、情報のインプットとアイディアのアウトプットのバランス、「楽しい」感覚の優先、そして合意形成を目的に据えないことである。

キーワード

コミュニティ　コミュニケーション　対話（ダイアローグ）　社会構成主義
多様性

---

1. 対話はなぜ必要なのか？

コミュニティは多くのコミュニケーションが日常的に繰り広げられている場である。しかし、実際生活においては、さまざまな対人関係のトラブルがコミュニケーションに起因して生じている。だからこそ、コミュニティが良質なコミュニケーションを育み、非常時・平常時を含めて相互に助け合うような場になるにはどうしたらよいかが関心事となっている。本章では、コミュニティを一つの学習環境とみなし、そのデザインについて検討する。

　このテーマを考えるうえで、まず、コミュニティにおける対話の必要性について確認する。そもそもコミュニティ（Community）とは、何であろうか。R.M.マッキーバーの古典的な定義によれば、コミュニティとは一定地域（村や町、地方、国など）において営まれる共同生活を意味し、それぞれに独自の特徴（風習、伝統、言葉遣いなど）をもつ [1]。つまり、古典的な意味でのコミュニティとは地域コミュニティを指し、一定の地域的範囲をもつ「地域性」と、そこでの生活の「共同性」をその要素としている。しかし現代、コミュニティは「今日では失われた楽園の異名」との指摘もある [2]。これは、一定地域の内に人々が居住する状態としての「地域性」があっても、そのなかでの「共同性」、つまり共属感情や協働意識などが失われたという意味と理解できる。

　このように、現代におけるコミュニティとは、一定地域に「常に在るもの」ではなく「失われつつあるもの」となり、ゆえに多くの場合、「新たにつくられるべきもの」ととらえられている。現代のコミュニティは流動的で、象徴的であると同時に対話的な帰属の一形式であるともいわれる [3]。とりわけ「ヴァーチャル・コミュニティ」は、現代の多くの人々にとって重要な意味をもつコミュニティとなった。ヴァーチャル・コミュニティは、その帰属のためにコミュニケーションを必須とするが、一方で、地域性という要素を必ずしも必要としない [4]。ただしこの新しいタイプのコミュニティは帰属への欲求を満たすことができても、地域性を代替するものではないとも指摘されている [5]。

　コミュニティとはどのように「つくられる」のだろうか。地域性と共同性を基盤とするかつての地域コミュニティは、そこで生まれ育った人々によって維持され、何世代にもわたって守り継がれてきた。しかし現代ではその機能が失われつつある。現代日本においては、20世紀後半から顕著となった社会の工業化と都市化、それに伴う若者の都市流入と農山村の過疎化、地縁型組織の衰退などの複合的な要因が絡み合い地域コミュニティを弱体化させている。

　地域コミュニティという閉鎖的だが安全安心な環境にいる限り、そこでの相互扶助の仕組みに守られ、例えば孤独死するような事態は避けられる。しかし、そのような見返りを得るには、相応の義務を果たすことが求められる。Z.バウマンは、現代におけるコミュニティを「安心と自由の戦場」と表現し

た。コミュニティは私たちに安心を提供するが、コミュニティを得ることにより大半の自由を失うというのである。そのなかで、グローバルな世界に生きるエリートたちは「煩わしい親密さ」から距離を置き、持てる資本を使って伝統的なコミュニティから撤退する。これにより、グローバルな世界に生きる富者と、ローカルな世界に留まる貧者との二分された社会が形成される。このような社会の病理に対応するためには、「分かち合いと相互の配慮でおりあげられたコミュニティ」[6]を作り上げるしかない。分断された社会に共生を取り戻し、包摂的なコミュニティを構築していく過程では、対話が欠かせない。

　伝統的な地域コミュニティが機能不全に陥りつつある現在、私たちはどのようなコミュニティを構想し、それを生成ないし再生していけばよいのだろうか。J. デューイによれば、人々の集団的な行動が量的に累積されるだけでは、コミュニティは形成されないという。人が集団的に行動しているという事実それ自体は物理的なものに過ぎない。そこに人間的な意味が付与されるためには、その行動の結果が認識され追求される必要がある。つまりコミュニティとは、何らかの協働的な活動が欲求と努力の対象となる時にのみ存在し、そこではコミュニケーションが必須となる[7]。私たちは生まれながらにしてコミュニティの成員なのではなく、社会的な教育と学習を通して、コミュニティの成員となるのである。ゆえに、コミュニケーションのやり取りを通してコミュニティの成員としての感覚を発展させることが教育の役割だといわれている[8]。

2.　コミュニティにおける対話の理論と実践

(1) 対話と学習

　コミュニケーションと、その一形態である対話は、それぞれ何を意味するのだろうか。D. ボームによれば、「コミュニケートする」という言葉の意味は、その語源からみて、「何かを共通のものにする」ことである。よってコミュニケーションとは、ある人から別の人へと情報や知識を伝え共有するという意味である。そして、コミュニケーションを通して新しいものが創造されるのは、人々が偏見を持たず、互いに影響を与えようとすることもなく、相手の話に

自由に耳を傾けられる場合に限られるという [9]。この状況を実現するのが「対話」である。

　ボームは「対話」を、人々の間を通って流れる「意味の流れ」と表現している。対話（ダイアローグ）の語源はギリシャ語の「dia」（〜を通して）と「logos」（言葉）である。よって対話は二人の間に限らず、何人の間でも可能であり、また一人でも自分自身と対話することができる。ボームは、対話と議論（ディスカッション）の違いにも言及し、「物事を壊す」という語源をもつ議論の目的は、自分のために点を得てゲームに勝つことだとしている。一方の対話では、人々が互いに戦うのではなく「ともに」戦うのであり、誰もが勝者になる [10]。

　古代ギリシャのソクラテスが用いた方法として知られるように、学習は、古くから対話的に行われてきた [11]。しかし日本では一般的に、学習を勉強と同義のものと理解する傾向にある。両者は本来的に異なるものであり [12]、学習を勉強とは区別し再定義する必要がある。佐藤学は、対話的な学習を復権するうえでの課題として次の3点を指摘する。第一に、学習は、他者とのコミュニケーションに媒介された活動として組織されなければならない。第二に、勉強における個人主義を排し、他者との相互依存を前提として学び合う関わりが尊重されなければならない。第三に、知識や技能を「獲得」し「蓄積」する活動ではなく、知識や技能を「表現」し「共有」する活動へと転換を図る必要がある [13]。

　このような学習の考え方は、社会構成主義と表現される。社会構成主義の考え方の下では、学習は、個人的な行為や活動ではなく、社会的な行為・活動であると強調される [14]。社会構成主義的な学習理解は、およそ20世紀の間に、デューイやL.S. ヴィゴツキーをはじめ多くの教育学者たちによって提示された知見に依拠し、それらを総括しながら概念化され、普及してきた。この考え方が示すのは、学習と対話の関係は不可分だということである。つまり、対話は学習にとっての一つの選択肢なのではなく、必須の構成要素である。

　このように対話が重要だと認識することは第一歩であるが、十分ではない。対話とは大半において他者との相互行為であるがゆえに、対話を望みながらも個人の努力だけでは実現できない場合もある。だからこそ、対話を促す学習環

境のデザインが求められる。次項からは具体的な学習実践の事例を取り上げ、学習過程における「対話」の実態に着目しながら、その学習環境のデザインに関する考察につなげていく。ここで紹介する二つの事例は、いずれも、対話を通して地域やそこに関わる多様な人々を「コミュニティ化」する試みといえる。

(2) 学校地域協働実践の課題と県による対話的学習支援

　最初に紹介する事例は、秋田県生涯学習センターの事業として実施されている「熟議」ワークショップである[(15)]。このワークショップを開催する主な目的は、各学校区などの地域コミュニティ内で公教育に関わる人々(学校関係者、地域住民、公民館職員や自治体職員など)の関係を構築あるいは再構築し、共通の目標を見いだし、またそれを地域内で共有することにある。地域内の人間関係が総じて良好であっても、実際にはお互いの本音が十分にみえておらず、それを集まりの場で表現することもない「遠慮し合う関係」になっている点が課題とされた。秋田県生涯学習センターが推進する「熟議」の実践は、そのような「遠慮し合う関係」の心理的な壁を壊し、相互のコミュニケーションを円滑化し、お互いを深く知るための協働的な学習の場となることをめざしている。

　ワークショップの基本的な構成は、表12-1の通りである。このワークショップを通して、参加者は、自らの感情や意見・アイディアを端的なキーワードで表現し、グループ内で共有していく。グループ替えを行う過程で、多くの人の感情やアイディアが、書き留められたキーワードを通してさらに共有される。時には、キーワードを書いた参加者の意図が、グループ替えの後でそれを見た別の参加者に正確に伝わらないこともある。しかし、参加者はまたそこから何らかの示唆や刺激を得て、発想を広げていく。この過程を通して、自身の感情や意見が他の参加者

写真 12-1　「熟議」の様子
出典：秋田県生涯学習センター撮影・提供

のものと多くの類似性をもつ点にも気づくことになる（写真12-1）。

こうして参加者たちは、自分の内面にある感情と意見を表現すると同時に、自分の外部にある感情や意見とのつながりを見いだし、最後には大きな目標（めざすべき山の頂上がどの方向にあるか）を共有する。ここで重要なのは、大きな目標（方向性）を共有するだけでなく、そこにたどり着くまでの経路（登山ルート）や方法、それぞれの参加者が担う役割が多様であってよいと確認する点にもある。このように、「熟議」の目的は、当初は「バラバラ」な方向を向き、目標をみようとしていなかった参加者の意識を揃え、同じ目標に方向づけることである。そのうえで、その目標に「協働」してたどり着くために、各自が自分に何ができるかを主体的に考えることをめざしている。

「熟議」ワークショップの場を効果的にデザインし実施するために、特に重

表12-1 「熟議」ワークショップの構成

導入	趣旨説明＆アイスブレイク ・「熟議」とは？ ・本日のテーマ ・自治体の総合計画、学校の教育目標などの確認と共有 ・社会調査などの集計結果の紹介（その時のテーマに応じて） ・話し合いの準備のための「クイズ」など
Round 1	グループでの話し合い（25分） ・自分の意見を青色の付箋に書いていく ・自己紹介をしながら、付箋を貼って自分の意見を紹介 ・付箋の仲間分けをしながらアイディアをつないでいく（書き足し自由）
Round 2	グループ替え、話し合い（20分） ・テーブルの付箋を見て、アイディアをつないでいく（書き足し自由）
Round 3	再度グループ替え、思いを共有する（15分） ・ピンク色の付箋に、「今日、最も心に残ったワード」を書く ・模造紙に貼る ・「明日から自分が取り組みたいこと」を中心にグループで話し合う
総括	ファシリテーターにより、全グループから出た多様なアイディアの紹介と要約を行い、本日のワークショップの成果を全体で共有する ・あらためて、自治体の総合計画、学校の教育目標などの確認 ・協働のために、目標共有の重要性と、その共通目標にたどり着く手段や経路の多様性が許容されるべき意味を確認する

視されているのが次の点である。第一に、ファシリテーターを担うのは、直接的な当事者ではなく、中立的な第三者が望ましいという点である。第二に、参加者の安心感を醸成すると同時に、話し合いに臨むうえでの「レディネス」を揃えるために、アイスブレイクの構成と内容が非常に重要であるという点である。第三として、「熟議」ワークショップが参加者自身の思いをアウトプットする場だとしても、その前提となる知識を一様に共有しておくことが重要である。

　とりわけアイスブレイクの内容には、工夫が凝らされている。話し合うテーマやトピックに応じて設定されるが、大きくは、①当該地方自治体や学校の教育目標や総合計画の確認と共有、②そのテーマに関わる当事者や、関係者（子どもやその保護者など）一般の傾向に関する統計調査の結果、③思考や発想を柔軟にする準備としてのクイズという三つの要素で構成されている。

　ワークショップ中の主要な話し合いの部分については、おおむね構成が標準化されパッケージとなっているが、このアイスブレイクの内容は、依頼のあった市町村や派遣先の学校・公民館などに合わせて、オーダーメイドでデザインしている。アイスブレイクは、参加者の緊張感をほぐすだけでなく、その後の話し合いのための準備となる。ここでの準備として特に意識されている点は、まずは参加者全員が一緒に楽しめるものであることと、その楽しい時間のなかで、普段は無意識に囚われている思い込みを取り除き、身近なことであっても普段は意識しないまま過ごしてしまっている事実への自覚を生み出すこととされる。

（3）　ヴァーチャル空間におけるボランタリーな対話的学習実践

　次に紹介するのは、2020（令和2）年以降、草の根で立ち上がった「オンライン公民館」である。名称に「公民館」とあるのは、多様な人々が集い、相互に尊重しながら学び合うという、抽象的な意味での公民館の理念を共有しているためである。ただしこの実践は、社会教育施設としての公民館が実施する事業でも、公民館施設を利用して行われる活動でもない。

　全国に複数存在するオンライン公民館のなかでも、本項では「尼崎オンライ

ン公民館」[16] の事例を紹介する。新型コロナウイルス感染症拡大の影響で多くの公共施設が閉館していた 2020（令和 2）年春、久留米市のオンライン公民館[17] に感化されてはじまった活動である。発足以来、月 1 回のペースで、おおむね午前 10 時から午後 3 時頃の時間帯に「開館」している（2021（令和 3）年現在）。並行して、数か月ごとに、他市のオンライン公民館とともに「オンライン公民館ジャパン」も開催している。

　尼崎オンライン公民館は、多様な人や情報との新しい出会いの機会を生み出し、対話を促す場である。講師を招聘して一方的に講義を聴くのではなく、一人ひとりが自らの「次の出番」を考えながら主体的・能動的に参加することが期待されている。尼崎オンライン公民館の開催時には、オンライン会議システムを利用し、1 番組あたり 30 分、長くても 45 分程度を基本として、多彩なテーマで多くの人が出演でき、長時間の参加でも視聴者や参加者が飽きないよう工夫を凝らしている。参加者に向けては、「だれかの話を聞いてみよう」「知らなかった人と出会おう」「失敗は電波のせいにしよう」「自分の次の出番を考えよう」という四点を方針として掲げている。何かに挑戦する際には、失敗の不安が伴うが、ここでは失敗やトラブルもすべて「電波のせい」にすることで、学びや交流に消極的にならずに、未知の領域にも積極的に挑戦できる。これらの方針は明確にされ、すべての参加者に共有されている。

　対話の実践というと、少人数での深い話し合いをイメージされるかもしれない。しかしオンライン公民館では、通例推奨されがちな小グループに分かれての話し合いを設けていない。そのスタイルでは気軽に参加することができないからである。気軽な参加を促すため、オンライン公民館では、多様な参加スタイルが許容されている[18]。「聞くだけ」の参加スタイルは、個別に話す時間が実は苦手という人への配慮が理由である。さらにオンライン会議システムの使用に不慣れな人々に向けては、YouTube でもライブ配信することで、より一層「聞くだけ」の気軽な参加を促している。

　オンライン公民館の特徴としては、特にオンラインの強みを生かし、遠隔地や市井各所ともリアルタイムでつなげられる点がある。例えば、定期的に設けられている番組として「おはよう高知」がある。高知大学の学生サークルのメ

ンバーにより提供されるこの「おはよう高知」では、「よさこい」の基本が紹介されたり、高知城からの展望や城下で毎週行われている日曜市の様子がリアルタイムで実況されたりしている。また、久留米市と繋いで久留米絣を使った商品が紹介された回もあった。また、この強みを最大限に生かしているのが「オンライン公民館ジャパン」の開催だといえる。

　このようにオンライン公民館は、単一地域に閉じるのではなく、遠隔の他地域とのつながりを意識的にプログラムに含めている。このことで地域性が薄れるという意見もあるかもしれない。しかし、人々が帰属意識をもつコミュニティは重層的である。「オンライン公民館」自体はヴァーチャルなコミュニティといえるが、その背後には各自が居住する地域コミュニティがある。オンライン公民館が各地域に拠点を据え、多様な地域に住む人々の集まる場になっているからこそ、自らの地域の特徴を浮かび上がらせる。その比較・対比のなかで、自らのアイデンティティを確認することもできる。

3.　対話を通じた学習環境デザイン

　二つの事例はそれぞれに、参加者間の関係性や参加者個人の意識の変容をねらいとして実践されている。秋田県生涯学習センターの「熟議」ワークショップでは、人々の間の「遠慮し合う関係」を「協働する関係」へと変容させていた。尼崎オンライン公民館では、「自分の次の出番を考えよう」という方針にあるように、まずは気軽に受動的に参加してもらい、楽しさを共有するなかで、ゆくゆくは参加者の主体的で積極的な関与が引き出されることを企図している。すべての参加者に生じているとは限らないが、そのような変容を促す学習環境が構築されているといってよいだろう。

　これら二事例では、話し合いの場や日常場面で生じやすい問題を、さまざまな工夫によって回避していることがわかる。その問題とは、①社会的な「上下関係」に起因した遠慮（反対意見を言いづらいなど）、②参加者間での前提の不一致や非共有（意見の前提にある情報や事実認識が異なるために話がかみ合わないなど）、③義務的な参加動機（話し合いに対してやる気がない、地域の

問題に興味がないなど）、④発想の固定化（似通った意見しか出ないなど）である。

　以上の問題に対処するため、二つの事例から四点の工夫を見いだせる。第一に、水平的な関係づくりを重視する点である。具体的には、事前にすべての参加者に示すルールや方針の内容に工夫がみられ、同時に、念入りなアイスブレイクやワークショップの雰囲気づくりが行われている。中立的なファシリテーションが行われている点も重要である。これらは、例えばその参加者がどのような肩書をもつ人なのかを、ファシリテーターや運営者側が重視しないこととも関連する。どちらの事例においても、参加者の肩書を事前聴取することもなければ、その場で聞くこともない。属性による区別も優遇もない。その参加者が年長の後期高齢者であっても年少の中学生であっても、対等な参加者として扱われる。もし何らかの肩書や属性が意味をもつことがあるとすれば、その人のもつ専門性や特定の情報が、話し合いの場において有用な場合に限られる。

　第二に、「対話」という表現からは自らのアイディアを表現し相手に共有するというアウトプットの側面だけが焦点化されやすいが、それと同じくらい、客観的な情報のインプットを重視する点である。あらゆる話し合いの場では、前提を明らかにし調整することが重要である。秋田県生涯学習センターの「熟議」ワークショップでは、冒頭でファシリテーターから情報提供があり、参加者は同じ情報に基づいてその後の対話を行う。尼崎オンライン公民館では、さまざまな情報が多彩なプログラムを通して参加者に提供されている。このようなインプットとアウトプットのバランスが、効果的に対話を行ううえで重要となる。

　第三に、何か物事を決める判断の大半において、倫理的側面の遵守と同じくらいの重みをもって、「楽しい」という感覚を優先している点である。その「楽しい」感覚は、主に次の側面から創出される。一つは、参加者それぞれが、自らの経験や特技を披露し、意見やアイディアを表明できること自体が「楽しい」ということである。もう一つは、自分の知らない世界にふれ、自分では思いつかなかったアイディアに接し、多様性を発見することが「楽しい」のである。このようにいったん平均や普通からの逸脱を「楽しむ」ことができると、

他者とは違う自分の個性も表現しやすくなる。

　第四に、問題解決や合意形成を目的としない点である。時間内に、何かしらの合意に達し結論を出さなければならないという条件が設定されると、議論を長引かせる反対意見は抑制されてしまう。参加者すべてが自由に自己を表現しやすい環境を整えるうえで、この点は非常に重要である。合意形成をめざさないというのは、まとめをしないという意味ではない。すべての参加者のアイディアが多様で、それぞれ異なるものでも、そのなかで共通項を見いだしたり、その差異をより大きな構造のなかに位置づけたりすることで、全体を総括し集約することはできる。また、合意形成を目的としないことは、学校の授業や行政の事業評価のような総括的評価を実施しない点にもつながる。毎回、何らかの具体的な成果（例えばこのような結論を得た、何人の参加者を得たなど）の評価を課されると、成果を出すために過程が統制され、対話の過程が歪められやすくなる。

　今回、限られた二事例からではあるが、地域コミュニティの生成と充実のために、対話を通じた学習が重要であると確認できた。このような対話的な学習の過程を促す学習環境が整うことで、人間関係が良好なものとなるだけでなく、さらに進んで、協働に向かうことができる。持続可能なコミュニティの形成にとって、楽しさを生み出し、学習を支える対話は、極めて有効である。

〔佐藤　智子〕

《注・参考文献》
(1) R. M. マッキーバー（中久郎・松本通晴監訳）『コミュニティ ─ 社会学的研究 社会生活の性質と基本法則に関する一試論』（ミネルヴァ・アーカイブズ）ミネルヴァ書房，2009 年，p.46.（原著：MacIver, R. M., *Community: A Sociological Study: Being an Attempt to Set Out the Nature and Fundamental Laws of Social Life*, 3rd ed., Macmillan, 1924.）
(2) Z. バウマン（奥井智之訳）『コミュニティ ─ 安全と自由の戦場』（ちくま学芸文庫）筑摩書房，2017 年，p.10.（原著：Bauman, Z., *Community: Seeking Safety in an Insecure World*, Polity Press, 2001.）
(3) G. デランティ（山之内靖・伊藤茂訳）『コミュニティ ─ グローバル化と社会論の変容』NTT 出版，2006 年，p.44.（原著：Delanty, G., *Community*, Routledge, 2003.）

⑷ 同上，p.236.

⑸ 同上，p.272.

⑹ バウマン，前掲，p.204.

⑺ J. デューイ（阿部齊訳）『公衆とその諸問題 ― 現代政治の基礎』（ちくま学芸文庫）筑摩書房，2014 年，pp.189-190.（原著：Dewey, J., *The Public and Its Problems: An Essay Political Inquiry*, Henry Holt & Company, 1927.）

⑻ 同上，p.192.

⑼ D. ボーム（金井真弓訳）『ダイアローグ ― 対立から共生へ，議論から対話へ』英治出版，2007 年，pp.37-38.（原著：Bohm, D., *On Dialogue* (Routledge Classics)，Routledge，2004.）

⑽ 同上，pp.44-46.

⑾ 佐藤学『学びの快楽 ― ダイアローグへ』世織書房，p.14.

⑿ 同上，p.24 で指摘されているように，中国語では「勉強」とは「無理をすること」「もともと無理があること」を意味し，日本でも明治半ばまでは中国語の「勉強」と同義に用いられていた.

⒀ 同上，pp.26-28.

⒁ OECD 教育研究革新センター（立田慶裕・平沢安政監訳）『学習の本質 ― 研究の活用から実践へ』明石書店，2013 年.（原著：Center for Educational Research and Innovation, *The Nature of Learning: Using Research to Inspire Practice*, OECD, 2010.）

⒂ 佐藤智子・皆川雅仁・柏木睦「秋田県生涯学習センターにおける『熟議』と地域学校協働の基盤づくり」横井敏郎・滝沢潤・佐藤智子編『公教育の変容と教育行政 ― 多様化，市場化から教育機会保障の再構築に向けて』福村出版，2021 年，pp.183-198.

⒃ 佐藤智子「オンラインによる学習空間の拡張と社会教育へのインパクト ― 『尼崎オンライン公民館』の取組を事例として」『日本公民館学会年報』第 17 号，2020 年，pp.108-117.

⒄ 詳細は，おきなまさひと・中村路子「オンライン公民館の可能性 ― 『くるめオンライン公民館』の実践」『日本公民館学会年報』第 17 号，2020 年，pp.28-36 を参照されたい.

⒅ 参加者は，顔も声も出して参加する「フル出演モード」（カメラ＆マイク ON）、顔は出さず声だけで参加する「声だけ出演モード」（カメラ OFF ／マイク ON）、ラジオやテレビのように視聴するだけの「リスナーモード」（カメラ＆マイク OFF）の三つの参加方法を選ぶことができる。リスナーには講師や職員から質問や声かけをしない配慮がなされる。

《本章をふまえた探究的な課題》

【1】 あなたの身の回りにあるさまざまなコミュニケーションの場面をふりかえり、そこに生じている問題点や、その問題の回避・解決のための工夫について考えてみよう。

【2】 地域や社会で開催されている対話型のワークショップについて調べ、できる限り実際に参

　加し、そこでの対話のデザインについて分析してみよう。

《さらに学びを深めるために》
◎納富信留『対話の技法』笠間書院，2020 年．
◎細川英雄『対話をデザインする ── 伝わるとはどういうことか』（ちくま新書）筑摩書房，
　2019 年．

第13章

住民主体で進める居場所のデザイン

本章のポイント

　本章では、住民主体の「まちの居場所」のデザインの方法を明らかにする。まず、まちの居場所の背景と役割を示し、次にコミュニティカフェ型・コミュニティケア型・コワーキングスペース型という三つのタイプの特徴を示す。そして、まちの居場所づくりを進めるうえで、「想い」や「間」、「関係」のデザインが重要になることを述べる。最後に、事例に基づき、住民主体でまちの居場所をデザインする意義を示す。

キーワード

まちの居場所　第三の場所　コミュニティカフェ　コミュニティケア
コワーキングスペース　居場所のデザイン　エンパワメント

---

1. まちの居場所の背景と役割

(1) まちの居場所の広がり

　2000年前後より、各地域で、コミュニティカフェや地域の縁側や茶の間、こども食堂、ふれあいの居場所、ふれあいサロンといった地域住民が集う場を自らの手でデザインしようとする、「まちの居場所」づくりが進められている。この居場所を求める流れは、1980年代中頃から1990年代初頭にまで遡ることができる。この頃の居場所の代表例は，認知症高齢者の居場所づくりや、不登校の生徒を対象にしたフリースクールの活動である。2000年代には、空き

家や空き店舗を利用したオープンスペース開設の取り組みや、大学による地域
での学外拠点の設置、コミュニティカフェの開設などが進んだ。2010 年代に
は、小規模多機能型の交流拠点が多くの地域で広まり、何らかの社会課題の解
決に取り組もうとする際に、関係者がゆるやかに集まり、議論することができ
る場の重要性が認識されるようになった[1]。

　ここでは、公共施設との対比から、まちの居場所の特徴を明らかにする。第
一の特徴は、地域の人々が中心になって運営される点である。従来の公共施設
は、行政が法律や条例に則り、区域内の課題解決に向けて、住民に対する公共
サービスを均一（公平）に提供することを目的に設置されてきた。これに対し
て、「まちの居場所」は、地域住民が「想い」をもとに、自分たちの抱える課
題を自分たちで解決しようと、場の設計や運営を行う場合が多い点に違いがあ
る。

　第二の特徴は、既存の制度や施設ではくみとることが難しいニーズに対応し
ようとする点である。行政が運営する公共施設は、高齢者や障がい者、若者と
いった属性で人々をカテゴライズし、特定の人々へのサービスを提供しようと
する傾向が強い。一方、「まちの居場所」は、既存の制度・施設の枠組みから
こぼれおちたニーズに対応しようとして、人々を特定の属性にカテゴライズす
ることなく、かけがえのない個人としてその場に居合わせられることを重視す
る[2]。このため、特定の目的やプログラムを設けず、来たい時に来て好きなこ
とをして時間を過ごし、帰りたい時に帰ることができる、自由度の高い場が多
い。

　第三の特徴は、多くの居場所が日常生活のなかに存在することである。公共
施設は、行政の整備計画に基づいて計画的に設置・配置されるが、まちの居場
所は小規模でまばらであっても、私たちの身近な生活の場に根ざして設置され
ている。日常生活を過ごす範囲に気軽に訪れられる場所が存在することは、心
身機能が衰え移動範囲が狭まっている高齢者や、社会的に孤立し周囲との交流
が少ない人々がその場を身近に感じ、利用しやすくなる点で大きな意義をも
つ。

　第四の特徴は、利用における敷居の低さである。既存の公共施設は、市民活

動団体や趣味・関心を同じくするサークルなど、目的や内容が明確な活動を行うことに適しているが、活動の立ち上げ段階では利用しにくく、見知らぬ人同士の出会いや交流につながりにくい部分がある。これに対し、まちの居場所は、誰でも気軽に利用しやすい場所に設置され、目的が明確でなくても、この場に訪れることで、新たな出会いやつながりが生じる点に大きな可能性を有する。

(2) まちの居場所がもつ役割

　このような特徴をもつ「まちの居場所」は、家庭という「第一の場所」や、職場という「第二の場所」と異なる「第三の場所（サードプレイス）」の一つである。R.オルデンバーグによればサードプレイスは、①中立性、②社会的平等性が担保された「純粋な社交の場」、③会話が中心になること、④利便性、⑤常連の存在、⑥目立たないこと、⑦遊び心がある雰囲気、⑧もう一つの我が家といった特徴を有する[3]。

　ただし、実際の「まちの居場所」の姿は一つに定まらず、多種多様な形態をとる。その理由は、まちの居場所が、複数の領域の活動から発展し、その役割を合わせもつことにある。具体的には、福祉分野での心身の健康の維持・促進、まちづくり分野における地域活動の促進や課題解決、そしてコミュニティ分野におけるつながりの醸成という三つの役割があるとされる。ただし、この三つの役割を同等にもつ居場所は少なく、それぞれの場がいずれかの役割に重点を置き、その他の役割も補完的に有することで、多様な空間が構成されている[4]。

　さらに、まちの居場所の存在意義は、健康や地域活動の促進、つながりの醸成だけでなく、安心感や所属感、いきがいといった主観的感覚からも説明できる。実際に、居場所の定義には、「ありのままの自分が受け入れられる場所」「自分の役割がある場所」「別の世界への橋渡しをしてくれる場所」という意味が含まれる[5]。既存の施設や制度において、利用者は特定の属性をもつ集団の一員とみなされるのに対し、まちの居場所ではかけがいのない個人であることを前提としつつ、その個人を孤立した存在ではなく、他者との関係性のなかに

あるものとみなし、他者と居合わすことのできる場づくりを重視する点に特徴
がある。

2.　まちの居場所の種類と特徴

　本節では、①交流やつながりづくりを重視するコミュニティカフェ型の居場
所、②心身の健康づくりを重視するコミュニティケア型の居場所、③地域活動
を重視するコワーキングスペース型の居場所の三つのタイプを取り上げる[6]。

(1)　コミュニティカフェ型の居場所
　まず、コミュニティカフェ型の居場所を取り上げる。このタイプは、地域で
の交流を主たる目的とし、商業目的よりもコミュニケーションや活動を重視し
た飲食店や、自宅や公共スペースをサロンとして開放する形をとる。
　日本全国のコミュニティカフェの正確な数は把握されていないが、2000年
代に急増したとされる。例えば、飲食店の形態をとらず、交流を主目的にした
ものがある。東京都港区と慶応義塾大学が協働で運営する「芝の家」や、子ど
もから高齢者までの多世代が交流する場として、町内会や社会福祉協議会が
連携して運営する「こまじいの家」（東京都文京区）などがある。これと別に、
飲食店の形をとる例として、「クルミドコーヒー」（東京都国分寺市）や、「さ
ばのゆ」（東京都世田谷区）といった場がある。コミュニティカフェが増加し
た背景には、東京におけるカフェブームや、古民家を活用したカフェの広まり
があるとされる。また、世田谷区の「地域共生のいえ」の事業のように、個人
の所有する建物を地域交流のために開放し、特定世代を対象とせず、地域の多
世代の住民に開かれた場づくりを支援する自治体政策も、カフェの設立を後押
ししてきた。
　さらに、まちづくりや市民活動支援の流れのなかで設立された「港南台タウ
ンカフェ」（横浜市港区）などの事例も存在する。このカフェは、安心して過
ごせる居場所の役割に加え、同じ想いをもつ人々の仲間づくりや、立場や世
代を越えた多様な人々の交流を促す役割をもつ。カフェの運営を中心とする

が、月極めで棚を貸し出し、小物やアクセサリーを作家が委託販売できる「小箱ショップ」という仕組みも導入している。小箱ショップの作家は、カフェスペースを利用し展示販売や製作実演、教室などを開催する「小箱スクエア」にも取り組んでいる。さらに、地域情報誌「ふ〜のん」の発行や、地域の多くの組織が参加する「キャンドルナイト」の組織化、「港南台地域元気フォーラム」の開催などを通じて、地域の活動をつなぎ合わせるまちのコーディネート機能も担う[7]。

(2) コミュニティケア型の居場所

　次に、地域福祉の領域を中心に発展し、高齢者・若者・子ども・障がい者・子育て支援などをテーマとしたコミュニティケア型の居場所を取り上げる。このタイプの場は、社会的課題の解決を目的としてきたことに特徴がある。この例として、高齢者のサロンや子育てひろば、こども食堂、認知症カフェ、若年者や障がい者の就労支援を行う場などをあげることができる。

　青少年教育分野では、1980年代以降、校内暴力やいじめ、不登校の問題が深刻になったことを契機に、フリースクールや子どもの居場所づくりがみられるようになった。例えば、フリースクールの草分け的な存在である「東京シューレ」（東京都北区など）の活動は、1985（昭和60）年に開始された（第11章参照）。また、1990年代半ばには、「ゆう杉並」（東京都杉並区）のように、自由な交流の場を有し、中高生の意見を取り入れた運営を行う公共施設もみられるようになった。さらに、2010年代に入り、「子どもの貧困」が大きな社会問題となるなかで、こども食堂の取り組みが大きな広がりをみせている（第7章参照）。

　また、高齢者福祉分野では、1990年代に全国社会福祉協議会がふれあい・いきいきサロンを提唱し、高齢者の居場所づくりやいきがいづくりを推進してきた。2000年代以降は、厚生労働省が「地域包括ケア」や「住民主体の通いの場」「地域共生社会」など、地域社会での相互扶助に基づくケアを重視する政策を展開している。2015（平成27）年に施行された厚生労働省による「介護予防・日常生活支援総合事業」には、介護予防の取り組みを効果的・効率的

に進める「住民主体の通いの場」の推進が盛り込まれている。この政策のモデルには、認知症高齢者を地域で支える「宅老所よりあい」（福岡県福岡市）や、デイケアハウス「このゆびとーまれ」（富山市）などの先行する取り組みがあった。また、福岡県大牟田市のように、地域の交流拠点となり、介護予防事業やサークル活動を行う「地域交流施設」の設置を民間事業所に求める動きもみられる。

　コミュニティケア型の代表例が、2014（平成 26）年に地域包括ケア推進モデルハウスとして開設された「実家の茶の間・紫竹」（新潟県新潟市）である。この場は、市から「うちの実家」（2003 ～ 2013 年）の再現依頼を受けて開設され、週 2 回、10 時から 16 時までの間、茶の間が開かれている。運営は、「居場所担当」と「食事担当」の 2 名ずつで行われ、当番以外にも、「サポーター」の肩書をもつ男性たちが、来訪者と会話をし、活動を見守り、壁の展示物の整理や後片付けをして、運営を支えている。この場では、来訪者に一方的にサービスを提供しないことも意識されている。そのため決まったプログラムは行われず、利用者はお茶を飲みながら話をしたり、オセロや書道をしたり、絵を描いたりするなど、思い思いに過ごす。この他にも、玄関を開け放ち、固定席にならないようテーブルの配置を常に変え、仲間同士で固まらないようにするなど、居合わせるための細やかなルールが定められていることも特徴である[8]。

（3）コワーキングスペース型の居場所

　さらに、まちづくりや社会変革などの新しい動きとつながり、市民活動を支援する「中間支援」の流れもくみつつ、新しいライフスタイルやワークスタイルに対応しようとする、コワーキングスペース型の居場所を取り上げる。

　このタイプの場が増加した背景には、市民活動支援センターの中に、ロビー型のワーキングスペースが増加してきたことや、テレワークやシェアオフィスの広がりなどがある。単なるビジネス上のつながりを創出するだけでなく、地域の新たな価値やイノベーションを生み出す場としても期待が寄せられ、地方創生や中心市街地の活性化の動きと相まって全国的な広がりをみせている。

　地方創生の動きと関係するのが、「神山バレー・サテライトオフィス・コン

プレックス」（徳島県神山町）である。この場は、元縫製工場をコワーキングスペースに改修し、移住者やサテライトオフィスで働く人同士で新たなビジネスを生み出すことを目的に設置され、町内外の人材や情報の交流を促している。中心市街地の活性化に関しては、「前橋まちなかエージェンシー」が運営するシェアオフィスの「comm」（群馬県前橋市）や、港区と大学が協働で運営し、「ご近所イノベーション活動」を展開する「ご近所ラボ新橋」（東京都港区）、地元出身の建築家が設計し、シェアオフィスとして人々の創造性が発揮されることをめざす「マチノシゴトバCOTOCO215」（佐賀県佐賀市）などの場もある。

3. まちの居場所のデザインの方法

(1)「想い」をデザインする

　本節では、ここまで述べた、まちの居場所のデザインの方法をまとめる。

　第一に、「想い」をデザインすること、つまり個々人の想いを居場所という形につなげることが重要である。まちの居場所には、地域の課題を認識し、その場をつくろうと考えた中心的人物がいる。居場所づくりを進めるうえで、この人物の想いの強さは重要だが、それだけでは実際の場づくりにつながらない。この想いを実現するためには、どこに場を設置するのか、どのような空間をデザインするのか、どのようなプログラムを準備するか、飲食の提供を行うか否かといったことを検討する必要があり、一人ではとうてい考えがまとまらない。場の実現に向けて、周りの人々に相談をするなかで、運営に協力をしてくれる仲間づくりを進めることが必要となる。多くの場では、開設前から、地域や周囲の人々を巻き込んだり、逆に手を差し伸べられたりすることで、相互の関係を成熟させていく過程が存在し、この関係性が運営段階でも基盤になることが多い。

　運営のための仲間づくりが進むと、関係者の間で認識を共有することも求められる。その場の必要性や運営上の課題、到達目標、地域内外の資源、活動内容といった点について、中心メンバーで認識を共有するための話し合いやワー

クショップを開催し、それぞれのもつ「想い」を表出することが重要となる。この話し合いを丁寧に行うことで、場のイメージの具体化が進んでいく。

(2)「間」をデザインする

　第二に、「間」をデザインする段階がある。まちの居場所づくりとは、「空間」「時間」「人間」「隙間」という四つの「間」をデザインすることでもある[9]。これは、ゆとりある「空間」づくりにより、居場所としてのんびり過ごすことができ、さまざまな人が出会い、交流できる「時間」の流れが創出され、人と人とが適切な間合いを保てる関係づくりを通じて、現在の制度や施設では満たされない社会の「隙間」を埋めることができるという考え方を示す。

　このうち、「空間」や「時間」づくりとは、端的にいえば、いかに居心地の良い場をつくり出すかということである。日本建築学会がまとめた『まちの居場所』のアイディアガイドには、そのポイントが簡潔にまとめられている[10]。「ついでに利用するところにつくる」では、買い物などの他の用事に付随して利用でき、人通りが多い場所や、地域コミュニティの中心に場を設置することが重要とされる。「立ち寄りたくなる仕掛けをつくる」では、幅広い年齢層や属性に対応できる空間設計や、内部の活動が道行く人から見えること、利用目的がなくても滞在できること、敷居がなく気軽に入れることなどがあげられている。「機能を混ぜ合わせる」というアイディアでは、さまざまな使い方ができるよう、ゆとりのある「器」を用意することが重要とされる。さらに、「家具で『居やすさ』を設える」や「『居やすい』雰囲気をつくる」は、家具の配置の工夫や雰囲気づくりにより、安心して過ごせる居場所をつくるアイディアを示している。

　人と人の関係づくりにおいては、居場所のルールをどのように定めるかが重要となる。例えば、前述した「実家の茶の間・紫竹」では、「その場にいない人の話をしない」「プライバシーを訊き出さない」といった、誰もが気持ちよく場に参加するためのルールが設けられている。このルールは、30年近くの活動のなかで作られてきた「居場所づくりのための作法」である。

　これ以外にも、関係づくりのためのヒントが、『まちの居場所』のガイドに

は示されている。例えば、公共空間では「○○してはいけない」という禁止行為が明示されていることが多いが、「ルールで縛らない」というアイディアはその反対に、自由に活動できることを一つのルールとするものである。また、「絶えず関わる者のニーズを汲み、改変する」ことも、重要な要素の一つである。「まちの居場所」を完成したものとみるのではなく、利用者のニーズに合わせて、メンバーでの話し合いを重ね、徐々に作り替えられていくものとみなすことが必要である。「人々が関わる『余白』をつくる」も重要な発想である。完成された場では、訪れた人たちが自身の役割を見いだせない場合も多い。一方的にサービスを受けるのでなく、自分のできることは自分で担う場の方が、より積極的に自らの役割を見いだしやすい。これは、次項の役割のデザインとも関わる。

(3)「役割」をデザインする

　第三に、まちの居場所のゆるやかな関係のなかで、関わる人々がその役割を徐々に変化させていく、「役割」のデザインという視点も重要である。多くの居場所では、「サポートする側とサポートを受ける側を分けるのでなく、サポートを受ける住民が可能な範囲で役割を担い、サポートをする側になり得るような運営」がなされている [11]。つまり、まちの居場所では、関係を固定化するのでなく、主客の関係の入れ替わりがあるような場づくりが重要になるといえる。

　この点について、コミュニティデザインを実践・研究する坂倉杏介は、共同性と自己実現の二つの軸から、活動への参加が、「受け入れられたと感じる」段階から、「所属・仲間意識が生まれる」段階、「周辺的役割行動をとる」段階、そして「主体的活動を始める」段階へと移行するモデルを示している。このモデルは、居場所での「安心感」が場への「所属感」をもたらし、徐々に自身の存在意義を感じて運営への協力へとつながる、エンパワメントの過程を示す [12]。

　居場所でのエンパワメントの方法として、コミュニティカフェの利用者が徐々に主体性を持った活動に関わるよう支援する仕掛けが参考になる [13]。ま

ず、取り組みのミッションや地域課題を明確に伝える「想いの共有」があり、そこで共感が得られたら、次に必要な役割を相手に伝える段階がある。それに続く段階として、相手に期待していることを伝える関係づくりや、徐々に任せる役割を大きくし、責任感を育てるような仕掛けが必要とされる。さらに、訪れた人や関係者が主役となれるよう、活動を支援し、情報を受け止めて発信する役割を担う「まちのコーディネーター」としてのスタッフの存在も重要とされる。

　なお、多くの居場所では、有給のスタッフだけでなく、ボランティアスタッフも関わる形で運営がなされている。サービスを提供する側と受ける側という関係性を固定化させないためにも、ボランティアという中間的役割を活用するのは有効な方法である。ボランティアが参加しやすいように、空白のカレンダーを貼り出して担当日を調整したり、募集の紙を貼り出して手挙げ方式で募集したりするなど、参加しやすいような細かな工夫をすることが欠かせない。

4.　住民主体でまちの居場所を立ち上げる意味

　最後に、筆者らが関わる「地域活動館」（千葉県柏市）を例に [14]、まちの居場所を立ち上げる意味を考える。この場は、2018（平成 30）年に東京大学高齢社会総合研究機構と柏市社会福祉協議会（以下では、社協）が、柏市豊四季台団地の商店街内に、多様な目的で利用できる場として設置したものである。多世代の住民の交流をめざしながらも、実際の利用者の多くは地域在住の高齢者が占めるため、第2節の分類でいえば、コミュニティケア型の居場所といえる。

　第3節であげたデザインの視点に基づくと、このスペースの設置・運営の特徴は以下のようにまとめられる。まず「想い」のデザインに関しては、自治会や民生・児童委員といった団地内の既存組織と連携を行うだけでなく、地域に向けて広く活動を展開することが期待できるサークルや団体に声をかけた。場の開設前から、これらの団体が参加するワークショップを複数回開催し、既存の公共施設の問題点や各団体のニーズの把握を行い、率直な「想い」の表出

に努めた。この話し合いを通じ、自分たちの「想い」を実現できる場であるという認識が高まったことで、多くの団体がその後も運営に関わることになった。

　次に「間」のデザインに関して、立地面では商店街のアーケードの一角という立ち寄りやすい場所に開設し（写真 13-1）、主たる利用者である高齢者が利用しやすく、かつさまざまなプログラムが開催できるよう、机・椅子・什器の選定を進めた。時間面では、特定の層に利用が偏らないよう、介護予防や交流カフェの活動だけでなく、創作や音楽などの活動も積極的に取り入れ、多様な利用動機をもつ高齢者が思い思いに過ごせるよう、調整を行った。運営のルールは、団体とのワークショップで草案を作り、活動の過程で各団体が利用しやすいように改訂した。運営団体には、月 1 回の「情報交換会」への出席のみを義務とした。この目的は、団体同士が顔の見える関係のなかで、お互いの活動内容や情報を共有したうえで、意思疎通を図り、ともに運営する当事者意識を持てるようにするためである。

　さらに「役割」のデザインについては、利用者や運営団体が新たな企画や活動を提案でき、自律的な活動を展開できるよう、大学・社協側で、企画・広報・運営の話し合いやふり返りの過程に、随時関わることにした。利用者や運営団体との間に時間をかけて信頼関係を構築することで、新たな企画の発案や広報を行い、場の管理に協力する団体が生まれ、共同運営に近い形が実現された。

　これらのデザインを経て、介護予防や健康づくり、カフェ、創作、音楽などの多彩な活動が展開される場が実現した。例えば、写真 13-2 は、企業の協力を得て開催された小さな水槽（ボトリウム）づくりの様子である。さまざまな活動が展開されるこの場は、一人で家にいるよりも外に出て他者と話したいという、高齢者の社会参加のニーズを満たすだけでなく、利用者の社会性や心理面にも肯定的変化をもたらした。例えば、しばしば顔を合わせることで、利用者同士が相互に気にかけ合い、困ったときに手を差し伸べ、病気の際に自宅に見舞いに訪れる様子などがみられた。また、この場に強い愛着をもち、お茶やコーヒーの提供や、片付けや掃除を少しずつ手伝い、周囲の人々に参加を呼び

写真 13-1　地域活動館の外観
出典：筆者ら撮影

写真 13-2　活動風景（ボトリウム制作）
出典：筆者ら撮影

かける様子もみられた。心身の状態が異なり、多様なニーズをもつ高齢者に
とって、生活に身近な場所に位置し、気兼ねなく参加でき、興味・関心に応じ
た多彩な活動が行われる場が、自身の役割や居場所を感じるために重要なこと
がわかる。

　居場所の種類はさまざまだが、個々人が尊重されつつも孤立せず、他者と居
合わせることのできる場を、住民が主体となって地域社会のなかに形づくるこ
とが重要である。そのためには、関わる人それぞれが「想い」を出し合い、役
割を少しずつ担いながら、自分たちの居場所を徐々に創出する「熟議」の過程
が重要となる。居場所のデザインという発想は、そのヒントを数多く含む。

〔荻野 亮吾・高瀬 麻以〕

《注・参考文献》
（1）坂倉杏介「人と地域がつながる『場』」坂倉杏介ほか『コミュニティマネジメント—つな
　　がりを生み出す場，プロセス，組織』中央経済社，2020 年，pp.31-75.
（2）田中康裕『まちの居場所，施設ではなく。—どう作られ，運営，継承されるか』水曜社，
　　2019 年，p.140.
（3）R.オルデンバーグ（忠平美幸訳）『サードプレイス—コミュニティの核になる「とびき
　　り居心地よい場所」』みすず書房，2013 年，2 章．（原著：Oldenburg, R., *The Great Good
　　Place: Cafés, Coffee Shops, Bookstores, Bars, Hair Salons and Other Hangouts at the
　　Heart of a Community*, Da Capo Press, 1989, Chapter 2.）

(4) 坂倉 , 前掲 , pp.47-55.

(5) 田中康裕「『まちの居場所』の広がり」日本建築学会編『まちの居場所 ― ささえる／まもる／そだてる／つなぐ』鹿島出版会 , 2019 年 , pp.13-14.

(6) この節の記述は、坂倉 , 前掲 , pp.47-55 に基づく。

(7) この事例の説明は、齋藤保『コミュニティカフェ ― まちの居場所のつくり方，続け方』学芸出版社 , 2020 年に基づく。

(8) 田中康裕『わたしの居場所、このまちの。― 制度の外側と内側からみる第三の場所』水曜社 , 2021 年 , pp.147-170.

(9) 齋藤 , 前掲 , pp.152-153.

(10) 日本建築学会編 , 前掲 , pp.148-161.

(11) 児玉善郎監修『集合住宅団地における "つどい場" と災害公営住宅におけるつながりづくり ― 豊かに広がる 12 の実践』特定非営利活動法人全国コミュニティライフサポートセンター , 2015 年 , p.41.

(12) 坂倉 , 前掲 , pp.61-63.

(13) 齋藤 , 前掲 , pp.162-172.

(14) 荻野亮吾・高瀬麻以ほか「社会的活動性を維持・向上させる場の運営方法 ―『地域活動館』方式の開発と実装を通じて」『ライフ・レジリエンス学』第 1 号 , 2021 年 .

《本章をふまえた探究的な課題》

【1】 あなたの住む地域にある「まちの居場所」を実際に訪問し、誰を対象にしてどのような取り組みを進めているか、どのように運営がなされているかを調べてみよう。

【2】 複数の居場所を比較し、居心地の良い雰囲気や、人と人とのつながりを創り出すためにどのような工夫がなされているかを考えてみよう。

《さらに学びを深めるために》

◎近藤克則編『住民主体の楽しい「通いの場」づくり ―「地域づくりによる介護予防」進め方ガイド』日本看護協会出版会 , 2019 年 .

第14章

住民主体のまちづくりのプロセスとデザイン

本章のポイント

　本章では、都市計画をベースにした住民主体のまちづくりのアプローチを解説し、ミクロな地区環境づくりにおける住民の役割とその場のコミュニケーションのつくり方を紹介する。続いて、東日本大震災の津波被害後の岩手県大槌町を事例に、被災した住民が主体的に生活環境の改善に取り組むプロセスデザインを紹介し、その成果を示す。最後に、これらの知見から超高齢社会・人口減少時代において住民主体のまちづくりを進める論点を整理する。

キーワード

住民の主体性　住民の役割　コミュニケーション　生活環境
プロセスデザイン　コミュニティ支援　共創

1.　空間を対象にしたまちづくりの特徴

　都市計画は地域の空間を形づくる重要なまちづくりの制度である。人は生活のなかで、地域のさまざまな物的環境を享受している。例えば、住宅や店舗、道路、公園、教育文化施設、医療施設、上下水道、田畑、山林などがある。こうした物的環境が展開される土地をどのように利用し、各種施設をどこに配置するのかを計画するのが、都市計画の重要な役割である。特に、施設によって整備主体や所有者、管理主体、利用者などが異なるため、不適切な施設配置や

土地利用は関係者間の軋轢を招く。公共の福祉の観点から、そのような問題が生じないように、主体間の調整を行い、全体として安全・安心で、機能的で、暮らしやすい環境を実現する空間計画が都市計画では求められる。

　都市を空間としてみたときに、都市計画の分野では目的に応じて計画する対象を三つのスケールに分けて検討する。一つは市区町村を単位とし、当該自治体の地方自治の実現に貢献することが目的とされる。二つめは、　市区町村の範囲を越えた複数の市区町村や都道府県を単位とする都市圏単位であり、国土の均衡ある発展を目的に産業立地や交通網（例えば空港や高速道路のインターチェンジ）などが検討される。三つめは、小学校区や町丁目などを単位としたミクロな地区環境である。このスケールでは地域社会における生活の質の向上を目的に、それぞれの地域に存在する多様な地域資源やその潜在力を生かし、その地域の生活像を描写することに焦点を置く。

　三つめの地区環境づくりは、多様な内容やテーマでこれまで行われてきた。最も知られているのが住宅や住環境に関するもので、老朽木造住宅が密集する地域では、地区の防災性能を高めるために、住宅の建て替えや生活道路・公園緑地の整備などを進めてきた。また、良好な住環境が形成された地域では、その価値を維持するため、建物や構造物の形態のルールを明文化する「地区計画」や「まちづくり協定」の作成に取り組んできた。歴史的な地域や田園地域、市民の愛着が高い場所では、まちの変化に対し、その場所の町並みや風景の保全への関心が高まり、景観的価値を維持するために景観条例の制定や地区計画の活用が進んだ。計画的に整備されていない地区では、コミュニティ施設や道路などの身近な公共空間の質が高くないため、その改善・整備のためのプログラムが用意された。近年の超高齢社会の到来により、かつて計画的に整備された地区でも身近な公共空間の質を見直し、その改善・整備の推進が求められている。また、近年の環境への関心の高まりは、身近な自然環境の見直しや環境に配慮した開発を地区内に誘導する「エコカルティエ」への注目を促している[1]。

　このように地区環境づくりでは、生活レベルの課題や関心が多様に存在し、地区によってそのあり方も変化する。ゆえに、地区の生活空間を診断し、その

地区に応じた対策を検討し、実行するアプローチをとる。この作業には、住民が関わる必要がある。なぜなら、その地区について一番熟知しているのは住民自身であり、自らの生活に関わるがゆえに、彼らの発意と負担によるべき部分が多く存在するためである。そして、建物や公共空間などの物的環境は一度つくられると、その更新には時間を要するため、行動を起こす前に利害関係者と意向を調整し、合意形成を進めていく必要が生じる。したがって、まずは地域の課題は何で、どんな目標が重要で、その目標のためにいつ、どこ（あるいは、どの範囲）で、誰が、何をするのかについて、住民や関係主体が合意していくことがまちづくりの基本的な進め方となる。

2.　まちづくりにおける住民の役割

　上述したようにまちづくりにおいて、住民の関わりは欠かせないが、その重要性が世界中で増してきたのは 1960 年頃とされる [2]。当時は、近代化に伴い、公害問題や地域文化の喪失などが各地の都市で起きていた。工業地帯や公営住宅の建設などの都市開発のために、住民の退去と建物の撤去が一方的に進められ、そこで暮らす人々の生活に影響を及ぼし、近代都市計画への疑念が世界的に広がり強まっていた [3]。そこで、理論的にも実践的にも住民や地域社会が利害関係者として地区環境整備の計画策定に関わる方策が志向され、探究されてきた [4]。これまでの研究や取り組みの蓄積から、まちづくりには、情報提供・収集、意思決定、計画の担い手という三つの住民の役割があるとされている。

(1)　情報提供・収集の役割

　日本でミクロな地区環境整備が志向されるようになったのは 1970 年頃であり、高度経済成長のもと、地域の居住環境が大きく悪化したことが関係している。当時は、地区環境整備の都市計画的手段に乏しく、ミクロな地区環境の実態を把握するための調査として、地域の生活環境の情報を取りまとめた生活環境図集やコミュニティカルテの作成が行われた。特にコミュニティカルテは、

住民の積極的参加を促し、住民意識を反映した地区診断の実施や解決策の導出を特徴とし、その後の住民参加のまちづくりの推進に大きく貢献した。

　こうした住民参加による地区の診断は、その地区の共通認識を作り出す意味ももつ。単に住民の意識を把握するのであれば、アンケートなどの手法が有効である。しかし、住民主体のまちづくりの現場では「まち歩き」などを行い、住民が地区内のある場所（例えば、集会所や公民館）に集まり、地区の課題や資源を地図上にまとめる作業を共同で行う。そうすることで、住民がもつ「まち」のイメージや記憶を喚起し、アンケートなどでは把握しづらい情報を把握でき、さらに共有されたまちのイメージの維持や強化、更新に向けた住民のまちづくりへの動機を形成することにもつながる。

(2) 意思決定の役割

　住民主体のまちづくりは、住民の意思決定を伴うことも少なくない。住民のまちの共通認識をもとにまちづくりの目標を設定し、それを達成する方法や基準を選択するからである。例えば、都市計画制度の一つである地区計画は住民主体の計画としてはかなり強力なものであり、住民が地区内の建物の形態や用途の規制、道路や公園などの施設整備の方針を計画し、法のもとで開発を規制できる制度である。そのため、住民自身で地域の総意を形成し、それに基づき計画内容の意思決定を行うことが求められる。地区計画はハードルが高いため、まちづくり協定を策定し、住民組織と行政と開発事業者が協議を行い、開発を誘導する手法もある。まちづくり協定の場合は、地区計画ほどの同意率は求められないが、開発事業者の利益を制限することになるため、代表性のある住民組織が協定の内容を検討し、意思決定を行う必要がある。このように、都市計画的手法を住民主体のまちづくりに取り入れると、地域内で開発行為を行う個人や民間事業者の利益を制限することになるため、住民の総意や覚悟ある意思決定が求められる。

(3) 計画の担い手の役割

　地区環境づくりの基本的な方法は、①既存のいいものの保全、②いやなものの除去、③ストックの十分な活用、④必要なものの新設の四つである[5]。これらを行政が主導して実行するには限界があり、住民が担い手となって実行することが重要である。例えば、前述の地区計画やまちづくり協定などは、行政が計画を管理し、該当する開発行為を規制したり誘導したりすることはできるが、公園や空き家の活用、コミュニティカフェの開設といった事業支援を行う制度ではない。また、近年は人口減少や地方財政の悪化の影響で、新規に公共施設を建設することが難しくなっており、建設後の管理・運営コストの増大も問題視される。そこで、「まちづくりセンター」の総合的支援や市民ファンドなどを通じて、住民の主体性を育成し、自分たちでまちづくりの事業や活動をおこしたり、指定管理者として住民組織や市民団体が公共施設を管理・運営したりする形で、行政との協働に取り組むことが求められるようになってきている[6]。

3.　まちづくりの話し合いの場のデザイン

　住民主体のまちづくりのプロセスには、住民の間のコミュニケーションが欠かせない。そのため、コミュニケーションを取りやすくし、活発な意見交換を促し、まちづくりのアイディアを創造する「まちづくりを話し合う場」のデザインが重要となる。本節では、住民主体のまちづくりでよく取り入れられるワークショップや、専門家とのコミュニケーションの方法、話し合いの場に参加していない住民とのコミュニケーションを図るアウトリーチを紹介する。

(1) ワークショップ

　まちづくりの主体は住民であるといえども、必ずしもお互いがよく知っている関係性とは限らず、地域のしがらみがある場合もある。また、地域情報の知識量も人によってさまざまである。そのため、住民主体でまちづくりについて話し合うとしても、自由に発言しづらいことが起こりうる。そこで、共同作業

を進めながら、相互の知識量を補完し、地域の中の権力関係や上下関係に依存しない意見交換の場をデザインすることが重要となる。そのような場をまちづくりの現場では、「ワークショップ」と呼ぶことが多い。

　ワークショップのデザインで要となるのが、創造性の創出である。ワークショップを実施する意義は、対話によって発生する地域情報や、相互作用で抽出される価値の形成である。したがって、限られた時間や機会のなかで、効率よく有用な意見を引き出し、それらの意見を解釈しやすいよう可視化することが求められる。一般的には、創造的な意見交換を実現する方法として「KJ法」が採用されることが多い。KJ法で主に使われる道具は、付箋紙と模造紙である。議題に関する意見を付箋紙に記入し、類似の意見が書かれた付箋紙を模造紙上で近くにまとめ、意見のグルーピングを行う。その作業を参加者が共同で行うことで、相互の視点や考えの差異ならびに共通点を整理し、地域の認識の全体像をとらえることができる。

　具体的な問題を取り上げる場合は、模型や地図、写真などを使用することもある。例えば、開発の街並みへの影響を検討する際には、直方体や人の模型を並べ替えたりすることで、知識の乏しい人でもイメージがつきやすくなり、発言が容易になる。また、地図を用いることで、どこの場所に関する発言なのかを特定することにも役立つ。まち歩きを行う場合には、インスタントカメラなどで写真を撮り、撮った写真は地域の課題点や資源の整理に活用する。

(2) 専門家とのコミュニケーション

　住民主体のまちづくりを支援する専門家は、住民に不足する能力や知識、資源を補完する役割をもつ。住民はその地域の生活情報に詳しいが、地域の課題に関して専門的知識を有しているわけではない。したがって、専門家からの情報や助言は、問題の本質をとらえ、適切な解決策の提案につながり、まちづくりの推進に役立つ。しかし、住民の理解が伴わなければ、まちづくりの推進としての効果は乏しくなる。そこで、専門家と住民の知識差を埋めるために、シミュレーションやゲーミングなどの手法がまちづくりに取り入れられる。

　シミュレーションは、専門家と住民とのコミュニケーションを円滑にする方

法の一つである。例えば、駅前再開発事業による景観や人の流れなどの環境変化を可視化することで、住民の認知面に訴えかけることができ、対案の提案や合意形成を促すことができる。ゲーミングも専門家と住民とのコミュニケーションを図る方法として用いられることがある。この方法は、まちづくりのプロセスを擬似体験し、想定されるさまざまな意見の対立や利害関係の理解に役立つ。こうしたシミュレーションやゲーミングの手法は、専門家と住民とのコミュニケーションを容易にするだけでなく、住民の意識啓発の効果も期待される。

(3) アウトリーチ

　まちづくりの活動を進めていると、話し合いの場に参加していない人の意向や行動を取り込む必要が出てくる場合もある。例えば、地域の建物の高さや色彩などに関する規制を導入したり、地域に新しく公園を整備したりするときは、その規制を受ける建物所有者や想定される公園の利用者・管理者の意向を把握する必要がある。そうした人たちの知らない場で物事が決められると、反発を招くおそれがあるので、まちづくりへの関心を高める情報発信や啓発活動、聞き取りを行い、まちづくりの活動に参加していない人に働きかけることが重要となる。また、その働きかけが、まちづくりの活動に積極的に関わる住民の発掘にもつながることがある。このような働きかけをアウトリーチと呼ぶ。

　情報提供・収集のためのアウトリーチとして、典型的なものにニュースレター発行などの広報活動がある。まちづくりの計画の作成過程に毎回全員が参加して議論することは一般的に不可能であるため、その検討過程や中間報告、素案、成案に関する情報を提供し、まちづくりのプロセスの透明性を確保する。そして、その計画案に対する意見を幅広く収集する。ただし、一般的な方法では声が届かない層もあり、社会的なマイノリティ（少数派）や特定の利害関係者への聞き取りや意向調査を行うことも、ときには必要である。

　一方で、人材発掘面でのアウトリーチには、ワークショップやシンポジウムなどの「開かれた」場の開催が効果的である。検討されているまちづくりの課

題への理解を深め、当事者意識の形成に直接的に働きかけることができるためである。ただし、その場にアクセスしてもらうことが必要なので、参加への動機づけや参加する方法の周知も、このアウトリーチには不可欠である[7]。

　このように、住民主体のまちづくりでは、ワークショップや専門家の情報、アウトリーチを戦略的に配置し、住民の参加を促し、積極的にまちづくりの話し合いや実現に関われるように、場を丁寧にデザインすることが重要である。

4.　住民主体のまちづくりの実践 ― 岩手県大槌町の東日本大震災の仮設住宅地支援の事例から ―

　本節では、2011（平成23）年に起きた東日本大震災の津波被害後の、岩手県大槌町における住民主体のまちづくりのプロセスの実践例を紹介する。大槌町では家を失った住民に仮設住宅を供与する必要があり、町内48か所2,146戸の仮設住宅が建設・供与された。しかし、供与された仮設住宅の周りは、商店や遊ぶ場所などが少なく、近隣のつながりも乏しい場所であり、被災者の社会的孤立や虚弱化が懸念され、生活環境の改善を図る必要があった。同町では、町長や町役場の幹部も震災や津波の被害に遭い、行政機能が著しく低下したため、行政が個々の被災者をきめ細やかにケアすることが困難となった。そこで、庁内横断の仮設プロジェクトチームを設置し、住民からの要望を戦略的に検討する体制をとった。このチームには、被災者の主体性を回復し、被災者が仮設住宅地の生活環境の改善提案することが求められた。このような背景のもと、筆者もメンバーに入った専門家集団が介入し、住環境点検活動の実施を通じて、仮設住宅地の生活環境の改善に共創的に取り組んだ。

(1)　住環境点検活動のプロセスデザイン

　本事例では、生活環境の改善プロセスのデザインの原則を五つに整理した。

　　1）社会関係を醸成する：被災者の主体性の回復には、まずは居住する仮設住宅の周りでの社会的交流の創出が基礎となる。ゆえに、生活環境の改善プロセスの早い段階から、社会関係を醸成する働きかけを行うことが大事である。

2）範囲を設定する：対象とする生活環境の範囲を設定することは、プロセスに関わる関係者の特定にもつながる。この範囲の設定は、住民が生活環境として認知・評価しやすい範囲を扱うことが重要である。

3）共同利益を特定する：住民同士の集合行動は、自然には発生しない。その行動を起こすには、住民同士が一定の目的意識を共有し、行動を促進させる動機づけが必要である。そこで、そのコミュニティ内の共同利益を特定し、共有する必要がある。

4）リソース（資源）・専門性を補完する：住民はまちづくりの専門家ではないため、生活環境の問題の解決策の検討には専門家が知識を補完する必要がある。また、もともと地域にあった資源も被災の影響を受けているため、実行に必要な資源を補完する方法の検討も重要である。

5）コミュニティ活動を構想する：住民の主体性を回復し、持続させるためには、生活環境で展開するコミュニティ活動を計画し、実行することが重要となる。どのようなコミュニティ活動を構想し、形にするのかをプロセスのなかで検討する必要がある。

　これらの五原則をもとに、住環境点検活動のプロセスを、①住環境点検ワークショップ（点検WS）、②点検WS報告会、③改善策の提案作成、④関連して展開される自治組織活動の四段階に落とし込んだ（図14-1）。
　まず、仮設住宅地の代表者に連絡し、点検WSの主旨説明と日程調整を行った。そして、仮設住宅地の住民に開催案内を配布し、参加者を募った。点検WSでは、生活再建の柱を説明し、その枠組みに基づいて仮設住宅での暮らしの困りごとや良い点を点検した。点検作業では、仮設住宅地内を住民と一緒に歩き、生活環境を写真に撮り、

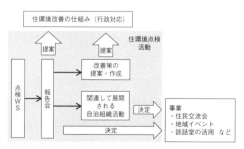

図14-1　住環境点検活動のプロセス
出典：筆者作成

最後にKJ法で参加者の意見を整理し共有した。生活再建の柱は、ケア環境としての「い（医）」、社会経済活動環境としての「しょく（食・職）」、物的環境としての「じゅう（住）」の三つの領域に分けて設定した。事前にこのような視点を提示することで、点検WSのなかで、住民の生活環境の認知の範囲を特定することができた。

　点検WSの約1週間後に、報告会を開催し、仮設住宅地の生活環境の課題を振り返り、行政への要望事項と住民が取り組むべき課題を仕分けした。この作業のなかで、住民の共同利益を特定し、社会関係の醸成とコミュニティ活動の構想への機運も高めることができた。

　行政への要望事項のなかには、解決策を空間に落としこんで提案する必要があるものが出てきた。例えば、交通安全性をふまえた街灯や看板の設置や歩行環境の整備方法などである。そうした課題に対しては専門家も交えて、生活環境の改善策を検討し、行政への提案を行った。この提案が実現することで、住民同士の自信の創出につながり、社会関係の醸成にも貢献することができた。

　住民が取り組むべき課題については、自治組織を中心に、コミュニティ活動としていつ、何をするかを住民で決めることを促した。実行に必要な資源は、災害ボランティアや支援団体へのマッチングを通じて獲得することとした。

(2) 住環境点検活動の成果

　住環境点検活動は、住民主体のまちづくり活動のプロセスを支援し、物的な生活環境の改善だけでなく、コミュニティ環境の創出にもつながった。

　まずは、仮設住宅地の住民のニーズに応えるため、提案や要望に基づき、物的な生活環境改善が行政主導で行われた。例えば、歩行者の安全確保のための道路の舗装化や側溝の蓋がけ、交通安全対策の街灯設置、集会所の増設、巡回バスの運行などが実現した。これらは、安心して外出できる生活環境の整備に貢献しただけでなく、被災者の閉じこもり予防への効果も期待するものだった。

　一方、住民自身が提案して実現した活動として、新年会や花見会の開催や住民の健康管理活動などがあり、地域の社会関係の醸成に貢献した。ある仮設住

宅地の花見会では、自治組織が中心となって、駐車場の区画の利用を一時的に
制限し、花見会場として確保し、バーベキューを行った。バーベキューセット
は、企画の主旨に賛同した外部団体がセットの貸し出し支援を行った。この花
見会は、今までコミュニティの場に出てこなかった男性が参加する成果を生み
出した。また、被災した地域に建設された仮設住宅地では、廃校の小学校校舎
に臨時で公民館を開設し、旧町内会とその公民館が連携して、新年会の企画と
実行を担った。その結果、もともとの地域住民同士が再会を果たせた。

　このように、住民が主体的に生活環境を見直し検討した改善提案は、住民の
暮らしやすさの実現に向けた住民・行政・関係主体の役割分担の指針として活
用され、身の回りの環境や組織の活用と、必要な環境の創出につながった。

5.　コミュニティ生活環境の共創手法へ

　本章では、都市計画で求められる住民主体のまちづくりのアプローチを紹介
した。ミクロな地区環境づくりは住民主体で行うことが原則であり、住民の情
報提供や合意形成を促しながら、計画の実行の役割分担を意識する必要があ
る。その作業は対話を基本としたまちづくりの場で行われ、そのコミュニケー
ションを容易にする技術や手法が考案され、実践に用いられてきた。

　第 4 節の大槌町の事例は、津波被災後という特殊な環境ではあるが、行政
の機能が弱体化し、住民の社会的基盤が乏しい環境において、都市計画の分野
で培われたアプローチを改良することで、住民主体のまちづくり支援を行った
ものである。その結果、住民の主体性を回復しながら、行政と住民、関係団体
が協力し、物的な生活環境を改善し、コミュニティ環境を創造することができ
た。

　超高齢社会および人口減少時代にある日本の各地域では、大槌町における
取り組みの過程やその成果を広めていくことが求められる [8]。それをふまえる
と、この取り組みを住民主体でコミュニティ生活環境を共創する手法に発展さ
せる必要がある。その要となるのは、行政の戦略的な統治機能の構築と、コ
ミュニティ支援のノウハウの蓄積、外部のリソースとのマッチングの仕組みで

ある。各コミュニティから提案される生活環境の改善案は、行政の縦割り構造では受け止めきれないおそれがある。大槌町では庁内に戦略的に検討する体制を作り、そこで全体との調整を図り、必要な対策を施策化した。こうした体制を、各自治体でどのように構築するかが課題となるであろう。また、住民主体のまちづくり支援には、コミュニティの主体性の回復を志向したプロセスデザインが重要である。そのノウハウを蓄積し、展開できる体制を整える必要がある。最後に、住民主体の活動には、地域外のリソースが必要な場合も出てくるため、リソースのマッチングを円滑にする仕組みの構築が今後の課題となる。

〔似内 遼一〕

《注・参考文献》
(1) 西村愛「フランスにおける環境まちづくりの取組みに関する研究 ── エコカルティエの取組過程と実例による分析」『計画行政』第 39 巻第 3 号, 2016 年, pp.83-88.
(2) 日本建築学会編『まちづくりの方法』（まちづくり教科書第 1 巻）丸善出版, 2004 年.
(3) 例えば、J.ジェイコブスは、*Death and Life of Great American Cities*（Random House, 1961 年）で、機能主義的で画一的な空間整備がもたらす悪影響を指摘し、当時の都市計画を批判した。
(4) 高見沢実「都市計画理論とその動向」高見沢実編『都市計画の理論 ── 系譜と課題』学芸出版社, 2006 年, pp.16-36.
(5) 森村道美『マスタープランと地区環境整備 ── 都市像の考え方とまちづくりの進め方』学芸出版社, 1998 年.
(6) 小泉秀樹編『コミュニティデザイン学 ── その仕組みづくりから考える』東京大学出版会, 2016 年.
(7) 杉崎和久「社会的合意に向けてのアウトリーチ」原科幸彦編『市民参加と合意形成 ── 都市と環境の計画づくり』学芸出版社, 2005 年, pp.115-144.
(8) 似内遼一・後藤純「地域コミュニティを基点とした立体的復興まちづくり ── 岩手県釜石市, 大槌町, 陸前高田市における実証的研究」『都市計画』第 70 巻第 2 号, 2021 年, pp.64-67.

《本章をふまえた探究的な課題》
【1】あなたの住む地域にあるまちづくり組織がどの地理的範囲で活動し、どのように地域情報を収集し、活動に生かしているか調べてみよう。

【2】あなたの住む地域にある、まちづくりの活動を支援する組織（地方公共団体や市民活動団体）について、どのような支援のメニューをもっているか調べてみよう。

《さらに学びを深めるために》

◎西村幸夫・野澤康編『まちの見方・調べ方 ― 地域づくりのための調査法入門』朝倉書店，2010 年.

◎饗庭伸・青木彬・角尾宣伸『素が出るワークショップ ― 人とまちへの視点を変える 22 のメソッド』学芸出版社, 2020 年.

第 **15** 章

住民主体の活動の評価
— 住民と地域のエンパワメントを評価する —

本章のポイント

　本章では、地域社会の課題解決において住民および住民主体の活動に求められる主体性の涵養について、エンパワメント概念を用いて解説する。そして、住民主体の活動のエンパワメントを推進するうえで重要な活動評価の役割とデザインを説明する。さらに活動の当事者が評価に関わる参加者評価について、実例を示し、活動当事者が関与する評価と、活動のエンパワメント推進との関係を考える。

キーワード
住民主体の活動　エンパワメント　プログラム評価　参加型評価
エンパワメント評価

---

1. 地域社会の課題とエンパワメント

(1) 地域社会の課題解決における住民主体の活動への期待と課題

　人口減少や少子高齢化、単身世帯の増加などの人口と世帯構造の変化が地域社会にもたらす多様で複雑な問題は、日本が人口のピークを迎えた 2008（平成 20）年以降、ますます深刻なものになっている。医療福祉サービスを必要とする住民の増加、防災体制を含む緊急時支援の強化、日常生活支援ニーズの多様化など、地域社会に求められる役割が拡大する一方、地域産業の停滞や人

手不足による企業などの撤退、行政機能の縮小や行政職員の人材不足で、サービスや支援が十分に行き届かない地域は多い。資源や支援の不足は人の流出を、人の流出はさらなる資源の縮小を促し、地域間の格差を広げていくことになる。

　これらの問題は、「私はいつまでこの地域に住み続けられるのか」という不安を住民の間に引き起こす。このような生活上の不安やニーズに対し、住民自らが行政や企業、教育機関などと課題を共有し、解決に向けて行動していく住民主体の活動への期待が高まっている。例えば、厚生労働省が2016（平成28）年に打ち出した「地域共生社会」に関する提言では、住民が地域の多様な人や団体とつながり、相互に支え合い、地域をともに創ることがめざされている。

　しかし、課題解決をめざす住民主体の活動も、活動メンバーの高齢化や次世代への継承など、持続可能性の問題に直面している。都市における住民間の関わりの希薄さや地域課題の共有の難しさ、自治会の機能低下などは、都市化の進行に伴い議論されてきたが、さらに近年では、移動手段や情報通信技術の発展と普及によって、人々はこれまで以上に物理的な近接性に縛られずに働き、学び、活動することが可能になっている。このように、住民同士が互いを知る機会が乏しい状況では、課題の共有はおろか利害が対立することも珍しくない。人々の間に共同体としての意識や支え合う関係性をいかに育み、住民主体の活動を促進するかは、地域社会の抱える古くて新しい問題である。

(2) エンパワメントと評価

　住民同士がつながり、主体的に活動することは、地域課題解決の重要な一歩である。そのため、住民活動の支援を行う「コミュニティワーク」や、まちづくりの支援においては、地縁であれ個人的な関心であれ、何らかのきっかけを活用して人々のつながりを紡いでいく場や、機会づくりの実践が重ねられてきた。特に住民の「地域ばなれ」が進む都市部においては、個人の関心や利害が地域社会の課題と結びついていることを人々に気づかせ、自分の関わる活動を他の活動や関心ごととつなげていく仕組みが必要とされる[1]。

　人々が、自分（たち）のもつ力や可能性を知り、自ら課題解決に向けて行動したり、環境をより良くしようとすることや、そのための力を得たり力を発揮する過程は、「エンパワメント（empowerment）」という概念で説明される。エンパワメントとは、力を引き出す、力を与えるといった意味をもつ言葉である [2]。歴史的には1950年代以降のアメリカで興った人種差別撤廃運動、公民権運動、女性運動など、社会的に抑圧され本来もつ力や権利を奪われてきた人々が、自分らしく生きる権利を得ることを目指す社会運動の文脈で用いられた。1970年代以降、エンパワメント概念はより広く解釈、適用されるようになり、誰もが主体性をもち、自分を取り巻く環境と積極的に関わり、よりよく生きる力を得ることをめざす概念として発展した。人や集団、コミュニティのエンパワメントをめざす取り組みは、福祉、教育、保健をはじめさまざまな領域でエンパワメント支援やエンパワメントプログラムなどと呼ばれ、開発や実践が重ねられている。

　地域社会におけるエンパワメントは、「専門家に頼るのではなく、住民自らが力をつけること」（住民個人のエンパワメント）とともに、組織や地域が「多様な個人を活かしながら地域の課題解決への力量形成を目指すこと」（組織・コミュニティのエンパワメント）と表現される [3]。住民が中心となり、他者と協働して地域が抱えるさまざまな課題に向かって行動する地域づくりは、住民、住民主体の活動、そして地域全体のエンパワメントを推進することと同義であるといえよう。

　このようにエンパワメントは、住民と地域との関係性を理解し、住民主体の活動への支援を考えるうえで欠かせない概念である。そして、エンパワメントを推進する過程で不可欠となるのが、活動の評価である。評価とは、対象について、なぜそれをするのか、どのようにするのか、その結果どう変わったか、その変化は期待したものであったか、などの問いにこたえる行為である。

　保健学の安梅勅江によると、エンパワメントの原則は当事者主体であり、当事者が希望と信念をもって自らの力を発揮するには、自分たちの活動に意味があると考えられることが必須条件であるという。そのために、活動の価値を「見える化」する評価の視点が不可欠とされる [4]。つまり、当事者は評価によっ

て自分たちの活動の目標や結果、影響力、コストを知り、活動への満足感や将来への見通し、そして参加し活動し続ける動機づけを得ることができる。

2. 活動評価のデザイン

(1) 活動を評価する目的

　評価のデザインの第一歩は、誰のための評価かを明らかにすることである。また、評価対象となる活動の関係者が、おのおのの立場からなぜ自分たちの活動を評価する必要があるのか、評価が何に役立つかを理解することも重要となる。

　近年、人や社会に対して何らかの介入（政策、事業、プロジェクト、活動、イベントなど）を行う際に、科学的・客観的な手法による介入の評価とそれに基づく対策や説明のプロセスの重要性が増している。これは活動の説明責任（アカウンタビリティ）と呼ばれる。外部からの活動資金や監査を受け入れる活動や支援の場合は、投入された予算や人材が適切に活用され、成果が出たかどうかを評価し、成果が出ていない場合は活動内容を修正することが求められる。望ましい成果を示すことは、支援の継続や拡大にも結びつく。

　教育や研究の一環として活動や支援に関わる人や組織は、活動や支援内容の教育的・研究的な有効性を示すために評価を行う。評価を通して、活動内容や支援内容がより洗練され、社会に役立つ知見としての価値も高まる。これらの評価に基づくプログラムは、「科学的な根拠（エビデンス）」に基づく実践や対策を推進する社会的潮流のなかで、説得力をもって人々に受け入れられる。

　住民をはじめとする当事者にとって、評価は活動を整理し、改善し、推進するのに役立つ。また、自分たちの置かれた状況を客観的に理解し、自分たちの強みや弱みを知り、関係者全員で課題を共有することや、活動の目的を共有することにつながる。さらに、活動展開中の評価は、活動の目的を関係者間で再確認し、自分たちの活動が期待していた成果に向かって進んでいるかを把握し、うまくいっていない時には活動内容を見直し改善することにつながる。また、うまくいっている時には、自信をもって活動を継続することに結びつく。

このように、適切な評価の実行は、活動の発展と継続にとって有効である。

(2) 評価の計画と実行 ─ 住民活動のエンパワメントの評価を題材に ─

　評価は、対象となる活動計画とともに計画・実行される。課題解決を目指す活動は一般的に、①ニーズや課題の把握、②企画と関係者の巻き込み、③具体的な実施体制の構築と実行計画の立案、④計画の実行と改善・修正、⑤最終的な振り返りという流れで計画・実行されるが、評価はこの各段階で行われる。

　①の段階での評価は状況把握のためのニーズ評価である。具体的な実行計画を絞り込み、②③へと活動を進めるのに役立てられる。②③の段階では、活動の目標や計画が妥当か、関係者の合意のもとで計画が進められているかを評価し、計画実行に移る前に必要な修正点を発見し対応することができる。④の段階では、活動が計画通りに実行されているかを評価するプロセス評価や、短期的な成果を評価するアウトカム評価が行われる。プロセス評価とアウトカム評価は目標や計画の見直し、実行内容の修正に活用される。活動は①～④までを繰り返すことで改善、発展することが期待される。最終的に⑤により中長期的な目標が達成されたか、当初めざしていた変化が定着したか、などの長期的なアウトカム評価や、活動の広範な影響を評価するインパクト評価が行われる。

　実際の活動評価の計画では、評価の目的に照らし合わせて、具体的に何を、どのような手法で、どのタイミングで評価するか、また評価をどう当事者間で共有し活動内容に反映させられるかを定める。よく設計された評価は、活動目標の背景にある理論や価値と、現実の活動とをつなげて、信頼できる情報をもとに活動の意義を判断するのに役立つ。評価の計画では、活動を通して追求する目標を、実際に測定や確認ができる問いに具体化し、その問いへの回答となる根拠を定める必要がある。この際の根拠となるのが、理論である。

　例として、住民主体の活動がメンバー個人および活動をエンパワーする取り組みになっているか、また活動の成果としてエンパワメントが促されているかを評価する場合を考える。理論として、心理的エンパワメント研究の第一人者であるM.A.ジマーマンのエンパワメント理論を取り上げる。この理論では、エンパワメントの分析レベルを個人・組織・コミュニティの三層でとらえ、各

層で力を得る「過程」と力を得た「成果」に分けて整理する枠組みを示している⁽⁵⁾。

　この枠組みに基づき、活動参加を通した個人レベルのエンパワメントの成果を「地域コミュニティに対する自己統制感」の変化を調べることで評価すると定義する。個人レベルの自己統制感を測定するには、複数の心理尺度が開発されており、質問紙調査により定量的な測定ができる。ここから、メンバー個々人の自己統制感が活動参加によって、どのように変化したかを検討する調査デザインが選択肢としてあがる。調査票の設計や調査実施のタイミングの設定、データ解析には専門的な知識が必要である。活動の関係者にそれらの専門知識をもつ人はいるか、もしいない場合には外部の人に相談できるだろうか。

　次いで、組織レベルでのエンパワメントを評価する具体的な問いを、理論に基づいて「活動の計画や決定がメンバー全体の合意のもとで実施される体制」が整備されているかに設定する。すると、収集すべき資料はグループの運営体制に関する情報となる。訓練された評定者による運営会議の観察調査や、メンバー自身による活動運営に関するチェックリストへの回答など、定性的、あるいは定量的な資料の収集方法が考えられる。評定者の観察を行う場合は誰を評定者とするか、現場が評定を受け入れるかを調整する必要がある。チェックリストへの回答を集めるならば、回答をグループリーダーに依頼するか、参加メンバーに依頼するか、あるいは双方に依頼すべきかを選択する必要がある。

　このように、理論から評価方法を具体化し、すでにある資料から必要な情報を集められるか、誰に問い合わせると効率的に資料を集められるか、新たなデータの収集が必要であればどのような手法で集めるか、データ収集のために専門家の支援を求めるか、などの評価の詳細を設計していく。これらに加えて、実際に評価に費やせる資源（お金、人材、時間など）や状況に応じて、できる限り正確かつ実行可能な計画を選択することが求められる。

(3) 評価の主体の問題

　評価者と当事者の関係は、専門の評価者が当事者とは独立した立場で評価計画、実行、成果の伝達まで行う「独立評価型」、資金提供者や政策立案者、意

思決定者が評価スポンサーとなって評価を主導し当事者と協働で行う「参画型・協働評価型」、そして当事者が主導権、決定権をもち、自分たちの活動の評価に主体的に関わる「エンパワメント評価型」へと発展してきた[6]。

　評価は、その目的からして、当事者である住民と、外部支援者を含む関係者が、活動をめぐる複雑な情報を整理し理解するのに役立てられる必要がある。そのためには、より多くの人が納得する方法で評価を行うことが求められる。活動の評価は、その信頼性を高めるため、しばしば専門家に委ねられてきた。この場合の専門家とは、研究者や地域活動コーディネーター、地域担当の保健師や社会福祉士などの専門職を指す。一方で評価を外部の専門家に依存する場合、外部からの関与が終了した際に評価手段だけでなく、活動の推進力も失う。住民による活動が自分たちの力で改善され継続されるためには、いずれかのタイミングで評価の主体を住民自身に移譲することが望ましい。

　評価への住民の主体的な参加は、当事者が納得できる評価に結びつく点でも重要である。評価には正確さや客観性だけでなく、その評価に基づいた改善案が住民に支持され、活動に変化をもたらすという実質的な意義も求められるからである。活動の評価が活動の推進力となりエンパワメントに寄与するには、活動の当事者が評価の過程から疎外されず主体的に関わることが不可欠である。

3.　住民参加型の評価と活動のエンパワメント

(1)　評価への当事者参加の重視

　プログラム評価法における「参加型評価」や、研究と実践を両輪で動かす研究手法としての「アクション・リサーチ」あるいは「コミュニティ・リサーチ」の分野では、当事者が評価の過程に関わる多様な手法の開発が進んでいる[7]。この理由として、活動の当事者が外部の専門家、支援者とともに評価活動に参加する、または当事者自らが主体的に評価を実施することが、当事者のエンパワメントを高め、活動の持続と発展に不可欠であることがあげられる。

　多様な分野での評価を手がける源由理子は、評価のプロセスを「評価の事前

準備」および「評価の設計」「データの収集と分析」「データの価値づけと解釈」「評価情報の報告と共有」の四段階に分けたうえで、「参加型評価」の基本的な流れとして、各段階で当事者がどのように評価に参加し役割を担うかを設計する手順を示している ⁽⁸⁾。参加型評価においては、評価の四段階すべてにおいて、住民を含めた関係者が対話・討議を行い、合意形成を行いながら進めていくプロセスが重視される。多様な関係者が一同に介し、対話と討議を行う場として評価ワークショップ、または検討会と呼ばれる場を設ける手法が多く用いられる。参加型評価に関わる専門家には、これらの対話の場において多様で対等な意見の発散・構造化・収斂（しゅうれん）を導くファシリテーターとしての技能が求められる。

　参加型評価のなかでも、評価における当事者の参加と、参加を通したエンパワメントを強調するのが「エンパワメント評価」である。伝統的なプログラム評価が評価の専門性や客観性を重視するのに対し、エンパワメント評価は、当事者が主体的に評価を行い、その過程で評価に必要な技術を取得し、評価をもとに当事者自身が活動のすべてを決定することに重点を置く点で、徹底した当事者主体の評価手法である ⁽⁹⁾。この手法では、当事者や組織、コミュニティでエンパワメントが進む過程を特に重視して評価を進める。活動のエンパワメントを進めるアプローチとして、三段階で活動を評価しながら進めるアプローチや、10 項目の問いに順に答えることで活動が進展するよう設計された 10 ステップアプローチ法などがある。また、エンパワメント評価では、評価活動自体が当事者の対処能力の獲得と拡大につながり、エンパワメントになるという「評価能力の獲得（キャパシティ・ビルディング）」を重視する。そのため、評価の主体はコミュニティのメンバーであり、評価専門家の役割は、当事者らを活動に巻き込み、評価技術を教え、適切な助言を行う「批判的な友人」と表現される。

(2) 住民主体の活動のデザイン

　ここで、筆者が関わっている住民主体の活動の事例を紹介し、活動の評価における住民参加のデザインと、活動のエンパワメントとの関係を考える。

　紹介する事例は、千葉県柏市布施新町の住民有志による「布施新町みらいプロジェクト」である。布施新町は、人口約 3,000 人、1,300 戸ほどの戸建住宅地である。1970 年代に大都市近郊に開発されたニュータウンであり、主な住民層は東京で働くサラリーマン家族であった。時代が下るにつれ街で生まれ育った子どもが大人になって転出し、残った親世代が高齢化することで急激に地域人口の高齢化が進み、市内で 1、2 を争う高齢化率の高い地域となっている。

　プロジェクトのきっかけは、高齢化する地域コミュニティの課題解決のためのアクション・リサーチ[10] の一環で、研究者、市社会福祉協議会、市役所からなるワーキンググループがこの地域のニーズ評価研究活動をはじめたことである。現在までの展開を整理すると、住民の関わりや活動体制の変遷によって以下の四段階に分類できる。それは、①専門家主導で地域のニーズ評価活動が実行され、その成果を住民にフィードバックする過程で、住民の地域課題への気づきが促された段階、②ニーズ評価活動に参加した住民有志による「みらいプロジェクト世話人会」が立ち上がり、住民主体の活動を開始した段階、③ワーキンググループによる活動の終了を機にプロジェクトが自立し、町内会ほか、地域関係者との協働体制の構築に取り組んだ段階、④新型コロナウイルス感染症の拡大下で新たな地域課題に取り組んだ活動発展段階、である。

(3) 住民主体の活動の評価

　これらの四段階それぞれで評価はどのように実行され、それは活動のエンパワメントとどう関連づけられるのだろうか。プロジェクトにおける評価は、活動の段階ごとに多様な形で活動のなかに織り込まれてきた。①の段階では専門家を中心とした地域のニーズ評価が実施され、住民は当初評価対象として、途中から評価活動への参加者として関わった。具体的には、地域キーパーソンへのインタビュー調査、地域住民への悉皆調査、住民に広く参加を呼びかけたまちづくりワークショップ、の三つの活動が実行された。地域のキーパーソンがインタビュー調査の対象となったことを契機にワーキンググループの会合に招かれ、住民悉皆調査の計画立案に参加し、調査の実施に協力した。またワーク

ショップに参加し、結果の解釈に意見を反映した。次いで、地域住民全体に調査やワークショップの結果や成果を報告するイベントの実施を専門家らとともに決め、実行委員としてイベントの企画や運営に主体的に関わった。

　これらの評価活動の結果、イベントの実行委員が中心となって「みらいプロジェクト世話人会」という自主活動が立ち上がった。評価活動に加わった住民間に地域の将来に対する危機感が共有されると同時に、まちづくりワークショップに参加しこの地域で新しい活動ができそうだ、という具体的な事業アイデアが生まれたことが、自主活動の立ち上げを後押しした。

　②の段階では、ワークショップであがったいくつかの事業企画案を実際に地域で試行する不定期イベント「ぶらりゆめプラザ」が開設された。このイベントでは、お試し活動への参加者による「投票」、課題テーマ別の小規模ワークショップの開催、イベントごとの参加者へのアンケート調査などが行われ、企画や課題に対する住民の反応の「見える化」が行われた。投票や調査で多くの支持を得た企画については、自信をもって活動グループを立ち上げ、継続的活動を開始した。同時に、活動内容を地域住民に知らせる広報誌「みらいたより」を継続的に発行することも決まった。広報誌の発行は、定期的に自分たちの活動を振り返り、まとめ、その結果を活動メンバー以外の住民に示す手段となった。さらに、研究者や社会福祉協議会が橋渡しして、市内外の住民活動団体との交流や意見交換の機会が設けられた。これらの機会に自分たちの活動を対外的に紹介し、外部からの意見をもらうことが、活動に対する外部評価として機能した。外部とのコミュニケーションは、自分たちの活動の強みや弱みを客観的にみつめ、活動改善のためのアイデアを得る機会となった。

　③の段階では、活動が専門家主導から地域住民主導に移行し、運営体制が整備された。この期の評価は、地域の既存の組織である町内会やボランティア団体に対して活動の意義や目標、達成してきたことを説明し、他の組織の支持を得ることを目的として実行された。また、活動資金を得るための助成金申請を行ったが、その申請のためにも活動資料が生かされた。これらを通して、活動メンバーが、自ら活動を説明する資料を作成し、自身の言葉で具体的に活動目標を語るようになり、活動実績の「見える化」が進められた。また、他組織や

一般住民に活動がなかなか理解されない、浸透しないという課題にぶつかるたびに、メンバーが集まり活動内容や実施方法を再検討した。

　これらの活動継続の成果は、危機に直面して発揮された。④の2020（令和2）年初頭からの新型コロナウイルス感染症の拡大は、対面活動の全面停止を余儀なくさせた。その際に、これまでと同じ形態での活動はできなくても、何らかの方法で自分たちの目標を達成したいというメンバーの合意が形成された。メンバーはオンライン会議のノウハウを学びあい、会合を再開した。2020（令和2）年夏には、ICTを用いた地域のつながりづくりという新たなプロジェクトを立ち上げるにあたり、ニーズ評価として地域のICT利用に関する調査を企画し、研究者チームとの協働で実施した。調査結果をふまえて、地域のICT環境整備に賛同する企業に協力を求める活動や、町内会との共同企画を検討するなど、ICTを活用したまちづくりという新たな地域課題に向けた活動を展開している。

　以上のように、この事業は専門家が企画した地域評価活動に住民が参加する形ではじまり、活動が地域住民主体の活動として自立する過程で、内外からの評価を受けながら住民の手で活動内容や運営体制が修正され、発展してきた。

（4）評価を通した地域のエンパワメントの実現

　上の事例では、活動の契機となった専門家主導のニーズ評価が、その後の住民主体の活動を計画する際の根拠となり、メンバーが自信をもって活動を立ち上げることを後押しした。また活動過程での評価は、自分たちの活動の目標や意義をメンバー間で共有する機会となると同時に、一般の地域住民や他の関連団体などにどれだけ活動が理解されているかを把握する手段ともなった。また、類似の活動を行う他団体との交流を通して、自分たちの強みや弱みを知ることにつながった。活動実行にあたり地域内外のさまざまな組織と連携したり、協力を得たりする際に、自分たちの活動の意義を説明し、支援や協力を得る材料として、日常的な活動実態の報告などの評価資料が役立つことも知った。これらの取り組みは、活動およびメンバー個々人のエンパワーにつながった。

　一方で評価は、その内容がネガティブであった時など、当事者の自信を揺るがすこともある。おそれず継続的に評価を行うためには、評価を行ったことで得られるポジティブな発見や、自分たちの活動へ評価活動がもたらす効果を、メンバーらが確認・共有する機会をもつことが重要である。住民主体の活動に専門家が関わる意義とは、適切な評価手法の計画や実行を支援する他に、住民メンバーが安心し、自信をもって評価を行うよう支援する点にあるだろう。

　評価は、当事者が自分たちのためのものであると実感でき、評価を通して活動の改善や深化が達成できるときに、エンパワメントにつながる。評価の目的を関係者で共有し、適切な評価のデザインを協議しながら決めていくことが、当事者の主体性を高め、エンパワメント促進につながる評価の条件である。

〔菅原　育子〕

《注・参考文献》

(1) 加山弾「小地域福祉活動と社会福祉協議会コミュニティワーク ― 都市型」牧里毎治・川島ゆり子編『持続可能な地域福祉のデザイン ― 循環型地域社会の創造』(MINERVA 社会福祉叢書 53) ミネルヴァ書房, 2016 年, pp.111-128.

(2) 高畠克子『コミュニティ・アプローチ』(臨床心理学をまなぶ 5) 東京大学出版会, 2011 年.

(3) 大木幸子・星旦二「地域づくり活動における担い手及びコミュニティのエンパワメント過程とその相互作用に関する研究」『ノンプロフィット・レビュー』第 6 巻第 1 + 2 号, 2006 年, pp.25-35.

(4) 安梅勅江『エンパワメントの理論と技術に基づく共創型アクションリサーチ ― 持続可能な社会の実現に向けて』北大路書房, 2021 年.

(5) Zimmerman, M. A. Empowerment Theory: Psychological, Organizational and Community Levels of Analysis, in J. Rappaport and E. Seidman eds., *Handbook of Community Psychology*, Kluwer Academic/Plenum Publishers, 2000, pp.43-63.

(6) 安田節之『プログラム評価 ― 対人・コミュニティ援助の質を高めるために』新曜社, 2011 年.

(7) 源由理子「参加型評価の特徴とアプローチ」源由理子編『参加型評価 ― 改善と変革の為の評価の実践』晃洋書房, 2016 年, pp.21-34.

(8) 源由理子「参加型評価実践の基礎」源編, 前掲, pp.35-64.

(9) D. M. フェッターマン, S. J. カフタリアン, A. ワンダースマン (衣笠一茂監訳)『コミュニティの社会活動におけるエンパワメント評価 ― 福祉, 教育, 医療, 心理に関する「参

加と協働」の実践知』福村出版, 2020年.（原著：Fetterman, D. M. Kafftarian, S. J. and Wandarsman, A. *Empowerment Evaluation: Knowledge and Tools for Self-Assessment Evaluation Capacity Building, and Accountability*, 2nd ed., SAGE Publications, 2015.）

(10) 辻哲夫「『高齢社会課題解決に向けた共創拠点の構築』実装活動終了報告書」〈https://www.jst.go.jp/ristex/funding/files/JST_1115132_16933984_tsuji_ER.pdf〉

《本章をふまえた探究的な課題》

【1】 あなたの住む地域にある住民主体の活動を一つ取り上げて、活動参加者のエンパワメントを高めるような工夫がされているか、調べて考えてみよう。

【2】 地域や学校で特定の課題解決のために行われている活動を探してみよう。その活動の成果を評価するとしたら、何をどのように調べるのがよいか、考えてみよう。

《さらに学びを深めるために》

◎山谷清史監修，源由理子・大島巌編『プログラム評価ハンドブック ── 社会課題解決に向けた評価方法の基礎・応用』晃洋書房, 2020年.

索　引

執筆者一覧

括弧内は執筆分担（掲載順）

荻野 亮吾　　　日本女子大学人間社会学部准教授
　　　　　　　（まえがき・1章・2章・9章・13章）

丹間 康仁　　　千葉大学教育学部准教授（まえがき・1章・4章）

仲田 康一　　　法政大学キャリアデザイン学部准教授（3章）

大蔵 真由美　　松本大学教育学部准教授（5章）

大村 隆史　　　香川大学地域人材共創センター講師（6章）

佐渡 加奈子　　認定NPO法人カタリバ　アダチベース拠点責任者（7章）

生島 美和　　　帝京大学教育学部准教授（8章）

青山 貴子　　　山梨学院大学教授／学長（10章）

中川 友理絵　　日本女子大学人間社会学部非常勤助手（10章）

中村 由香　　　公益財団法人生協総合研究所研究員（11章）

佐藤 智子　　　東北大学高度教養教育・学生支援機構准教授（12章）

高瀬 麻以　　　地方独立行政法人東京都健康長寿医療センター非常勤研究員／
　　　　　　　東京大学高齢社会総合研究機構特任研究員（13章）

似内 遼一　　　東京大学大学院工学系研究科助教（14章）

菅原 育子　　　西武文理大学サービス経営学部准教授（15章）

■編者紹介

荻野　亮吾（おぎの　りょうご）

現職：日本女子大学人間社会学部准教授
主な著書に、『地域社会のつくり方 ― 社会関係資本の醸成に向けた
教育学からのアプローチ』（単著、2022 年、勁草書房）、『社会教育
経営の基礎』（共著、2021 年、学文社）など。

丹間　康仁（たんま　やすひと）

現職：千葉大学教育学部准教授
主な著書に、『学習と協働 ― 学校統廃合をめぐる住民・行政関係
の過程』（単著、2015 年、東洋館出版社）、『社会教育・生涯学習
（MINERVA はじめて学ぶ教職 7）』（共著、2019 年、ミネルヴァ書
房）など。

＊本書は、JSPS 科研費（18K13067、19K02472、22K02252）の研
究成果を公表するものです。

地域教育経営論
― 学び続けられる地域社会のデザイン ―

2022 年 10 月 14 日　初版第 1 刷発行
2023 年 11 月 10 日　初版第 2 刷発行

■編　　者──荻野亮吾・丹間康仁
■発 行 者──佐藤　守
■発 行 所──株式会社 大学教育出版
　　　　　　〒 700-0953　岡山市南区西市 855-4
　　　　　　電話(086)244-1268㈹　FAX(086)246-0294
■印刷製本──モリモト印刷㈱
■Ｄ Ｔ Ｐ──林　雅子

ISBN978-4-86692-223-2